朱榮貴 著

全體大用之學：朱子學論文集

臺灣學生書局 印行

謹以此書紀念陳榮捷教授

自 序

　　明年是朱子逝世八百週年。在這段漫長的時期，朱子學不僅在中國是顯學，甚至是官學，在韓國、日本、琉球、越南朱子學也都是顯學。什麼是朱子學？朱子的大弟子黃幹在〈朱子行狀〉中描述朱子學問說：「其爲學也，窮理以致其知，反躬以踐其實。」朱子在著名的〈大學·格物致知補傳〉曰：「是以《大學》始教，必使學者即凡天下之物，莫不因其已知之理而益窮之，以求至乎其極。至於用力之久而一旦豁然貫通焉，則眾物之表裏精粗無不到，而吾心之全體大用無不明矣。」因此我以爲朱子學可以說就是「全體大用之學」。

　　此書所收錄的論文都是我近年來致力於研究朱子學的作品。或許有幾篇論文和朱子學的關係不是很明顯，所以我在此說明一下。

　　王夫之自認爲是朱子學學者。他從仁的觀點來辨華夷之分，對朱子的思想有所發明。錢穆先生也同樣的站在朱子學的立場，以現代的觀念來闡述鬼神的觀念。《孟子節文》和朱子學沒有直接的關係，但是此爭議，即君權和知識份子的自主性，是朱子學的中心議題。

　　《郭店楚簡》所論之孝道思想間接證明了朱熹將《孝經》的年代推斷爲戰國晚期。當然對孝道的思想的闡釋是朱子學的中心。朱子的《孝經刊誤》不但從元代開始在中國影響很大，在韓國更成爲《孝經》的定本，儒者加以闡釋的著作不計其數。

　　論文另外有一類是論朱子學在實際社會中的作用、影響，例如書院的學規、惜字會的設立、善書的推行等都是朱子學的全體大用。

　　越南的儒學以朱子學爲主，河內文廟的設立及祀典是中國的朱子學在越南的延續。

　　以上的說明或許有些牽強之處。而且我的研究著重朱學的「大用」這方面，對於「全體」，即觀念方面的研究沒有收入此論文集之內。但是我希望藉此論文集的出版，使學界更加了解朱子學的「大用」，即朱子學的實踐及影響是非常多樣的，而且是跨國界的。

朱榮貴 上

南港1999年10月16日

全體大用之學：
朱子學論文集

目　　錄

從李方子《文公年譜》遺文和〈朱子事實〉看朱門學術之歧異

　　歷來研究朱熹（1130-1200）之生平及思想皆以王懋竑（1668-1741）之《朱子年譜》及黃幹（1152-1221）之〈行狀〉為主要參考資料❶。而且《年譜》和〈行狀〉往往一併刊行，互補相成。〈行狀〉為朱子的大弟子黃幹所撰，而朱子的另一位高徒李方子（1223 年卒）撰有年譜。可是李方子所著之《文公年譜》大約在十六世紀時（明朝中葉）就已經佚失了。清代朱熹研究的方家王懋竑撰《朱子年譜》時沒有引用，可見當時此書已經失傳了❷。真德秀（1178-1235）之《西山讀書記》卷三十一存有《文公年譜》之節文。此段文字三四百年來從未受到學者的重

---

❶　參見陳榮捷：《朱子新探索》（臺北：臺灣學生書局，1988 年），「朱子行狀」條，頁 1-7。

❷　王懋竑書中所引的「李譜」指的是李默所撰的《朱子年譜》，不是李方子的原本。參見陳榮捷：《朱子新探索》，「朱子年譜」條，頁 62-79。

視，知道此資料者也很少，可說是有關朱子之資料的遺珠。《西山讀書記》同卷又有載錄李方子的〈朱子事實〉。此篇文章收入戴銑（1508 年卒）的《朱子實紀》卷十。《朱子實紀》在中國的流傳不廣。胡廣等編之《性理大全書》卷四十一有摘錄❸，刪去和〈行狀〉重覆的部份。《性理大全書》的這項資料也沒有受到學者充分的注意及使用。李方子之年譜與黃幹的〈行狀〉最大的差異是在對道統之界定以及對《近思錄》的重視上。黃幹對道統堅持甚嚴，將司馬光（1011-1077）和邵雍（1019-1086）排在道統傳承之外。然而李方子則採取較寬大的尺度，將司馬光和邵雍納入朱子之道統之內。此外，李方子、陳淳（1159-1223）及眞德秀均主張《近思錄》爲《四子》之階梯，而黃幹則極力反對《近思錄》羽翼《四子》之說法。朱子門人之間雖然主張分歧，可是彼此尊敬，互相以寬恕之心。重視學術自由及寬容的精神可說是理學得以不斷成長的原動力。

李方子字公晦，嘉定 7 年（1214）進士。他任泉州觀察推官時，眞德秀爲郡守（1217-1219），很賞識他，以「師友禮之，郡政大小咸咨焉。暇則辯論經訓，至夜分不倦」❹。後來李方子累官至國子錄、通判辰州，卒於任上。在〈題李果齋（李方子）

---

❸　《文淵閣四庫全書》本，卷 41，頁 11 下-18 下，總頁 860-864。

❹　宋端儀：《考亭淵源錄》（《近世漢籍叢刊》本），卷 6，頁 21 下。
　　〈李方子傳〉，《宋史》（《四部叢刊》本），卷 430，頁 14 上。

所書鄭伯元詩後〉，眞德秀說：「予與公晦（李方子）爲僚于泉山（泉州），二年之間，於學問文章源流幾亡所不講，獨罕言詩意。其未暇屬意也。今公晦仙去已七年。」❺此序作於庚寅年，即紹定 3 年（1230），故可推知李方子卒於嘉定 16 年（1223）。李方子是朱子晚年的弟子。他所錄的語錄都在淳熙 15 年（1188）以後。他和父親及弟弟都遊學於朱門，祖父李呂（1122-1198）也是朱子的講友，可以說一家三代和朱子均有很深的淵源。和朱熹初見面時，朱熹說：「觀公爲人自是寡過，但寬大中要規矩，和緩中要果決。」❻《考亭淵源錄》作：「開闊中又須縝密，寬緩中又須謹敬。」❼所以他以果齋爲號。朱熹稱讚李方子對《尙書》的研究，說：「公晦《禹貢集解》編得稍詳。」❽眞德秀於寶慶 2 年（1226）與袁甫共進李方子的《禹貢解》於朝❾。

李方子所撰之《文公年譜》又稱《紫陽年譜》，有三卷（以下簡稱李本）。今《讀書記》所摘錄者不多，故稱之爲遺文。此李本遺文文字雖然不多，但是在考證《朱子年譜》的著作歷史上，極其重要。眞德秀未完成《讀書記》。現存之《讀書記》是

---

❺　《西山眞文忠公文集》（《四部叢刊》本），卷34，頁30下-31上。

❻　《宋史》，卷430，頁14上，本傳。

❼　《考亭淵源錄》，卷6，頁23下。

❽　同上。

❾　《閩中理學淵源考》（《四庫全書珍本》），卷27，頁20上。

他在 1226 年至 1232 年之間編輯的，距李方子去世之後沒有幾年。所以《讀書記》保存的資料應很接近李方子的原本。黃幹所作之〈朱子行狀〉訂稿于嘉定 14 年（1221）❿，而李方子卒於 1223 年。因此李方子有可能曾經看到〈朱子行狀〉之訂本。〈朱子事實〉引述〈行狀〉之處甚多。我們不知道李方子何時撰寫《朱子年譜》。以黃幹在朱門弟子的領導地位來看，李方子參考黃幹的見解之可能性較大。但是黃幹〈行狀〉定稿之前確實很虛心的聽取了同門道友的意見，所以我們無法知道李方子對黃幹撰寫〈行狀〉的影響有多少。

李方子所撰的《文公年譜》自南宋刊行之後歷經很多學者的修改添補。目前有七種最主要的版本傳世，其中以葉公回宣德 6 年（1431）的校訂重刊本最早❶，而以王懋竑的《朱子年譜》最為通行❷。朱子的私淑弟子魏了翁（1178-1237）為李方子的《文公年譜》作序。魏序曰：「吾友李公晦方子嘗輯先生之年行❸。

---

❿ 　行狀初稿成於嘉定 7 年（'1214）。黃幹說他和同門弟子「反覆詰難，一言之善不敢不從，然亦有參之鄙意而不敢盡從者」。見《勉齋集》（《四庫全書珍本》），卷 36，頁 49 上。

❶ 　日本內閣文庫藏朝鮮刊本（《和刻近世漢籍叢刊》影印，臺北：廣文書局，1992 年印行）。

❷ 　參見陳榮捷：《朱子新探索》，頁 62-79。

❸ 　「年行」在戴銑所撰之《朱子實紀》中所載之魏序誤作「言行」。見《近世漢籍和刻本》之《朱子實紀》，頁 18。王懋竑雖未見《戴譜》，卻犯同樣的錯誤。

今高安洪使君友成爲之鋟木以壽其傳。高安之弟天成屬予識其卷
首。」⑭祝穆之〈朱子易簀私識〉說：「穆觀近歲所編文公朱先
生年譜，其書易簀時事頗有疑誤，恐不容無辨。」在文章的結尾
他又說：「年譜摹板乃建安書院掌之。僕嘗以此二疑白之富沙知
郡。實齋王公許以更定而未果，私識之。庶幾吾黨之士尙有考
焉。」⑮祝穆所言的「二疑」指朱子卒的當日「大風拔木，洪流
崩岸」，以及朱子先寫遺書給黃幹和范念德，再作遺書給他的兒
子朱在。祝穆所指的年譜應該是李方子所撰者。今《李譜》有
「是日大風拔木，洪流崩山」之語⑯，可以佐證祝穆所見的年譜
即是李方子之《文公年譜》。由此可見《文公年譜》曾刊於建寧
府之建安書院⑰。建安書院爲眞德秀的門人王埜建於嘉熙 2 年
（1238），在李方子卒後至少十五年以上了。

此外《西山讀書記》摘錄《文公年譜》之後，尙載錄了李方
子所作的〈朱子事實〉。或許魏了翁在序中所說的「行年」包括
言行和年譜，則〈朱子事實〉和年譜一起刊行就極有可能。此文
和《朱子實紀》卷十所收的完全相同，而《性理大全書》⑱卷四

---

⑭　〈朱文公年譜序〉，《鶴山先生大全集》（《四部叢刊》本，刊行地
　　點不詳），卷 54，頁 9 下-10 上。

⑮　《朱子實紀》卷 10，頁 20 下-22 上。

⑯　頁 86 下。

⑰　今建甌縣。

⑱　成于永樂 13 年（1415）。

十一所載者則比較簡短，刪去和〈行狀〉相同的字句。〈朱子事實〉與〈行狀〉何者作於前則不可得知。然而二者的內容及立論有很明顯的差異。行狀如汪仲魯所言：「以發明求端用力之精義微旨，造道成德之淵奧要歸，所以承先聖道統之傳，信存在也。」[19]因此特別著重維護道統及批判異端。黃幹本人更讚美朱子，說：「先生出而自周以來聖賢相傳之道一旦豁然如大明中天，昭晰呈露。」[20]至於「異學不必力排」的批評，黃幹在〈行狀〉之跋文中很明白的說：「孟子闢楊、墨，而比之禽獸。衛道豈可以不嚴乎？然使聖賢之道不明，異端之說滋熾，是則愚之所懼而不容於不辨也。」[21]李方子的〈朱子事實〉則沒有如此濃厚的衛道之氣味，雖然他對朱子的推崇並不低於黃幹。〈朱子事實〉以如此崇高的話結束：「先生於是考訂訛謬，探索深微，總裁大典，勒成一家之言。仰包粹古之載籍，下採近世之獻文，集其大成，以定萬世之法。然後斯道大明，如日中天，有目者皆可睹也。夫子之統得先生而正，夫子之道得先生而明。起斯文於將墜，覺來裔於無窮。雖與天壤俱弊可也。」[22]

〈朱子事實〉與〈行狀〉另一項差異點是〈事實〉專論朱子的思想及人格，不論朱子的政治生涯，而〈行狀〉表現的是朱子

---

[19]　〈文公先生年譜序〉，《朱子實紀》，頁 21。

[20]　《勉齋集》，卷 36，頁 48 下。

[21]　頁 50 下-51 上。

[22]　頁 95 上下。

之「全體大用之學」，而且認為朱子之「用舍去就實關世道之隆
替，後學之楷式」❷，所以很注重朱子的政治立場。黃幹作〈行
狀〉時偽學之禁尚未完全解除，在政治上朱子門人相當孤立。因
此〈行狀〉以四分之三的篇幅談論朱子的政績及政治主張，對同
門的道友不能說沒有鼓舞的用意在。

　　對於朱子年譜的版本歷史來說，此篇遺文（以下簡稱李本）
沒有帶來突破性的發現。但是至少我們可以依此證實陳榮捷先生
所主張的戴銑（以下簡稱戴本）及葉公回（以下簡稱葉本）所著
之《朱子年譜》都是根據李方子的年譜而修改的看法。根據陳榮
捷先生的研究，葉公回和戴銑所作的《朱子年譜》都曾經參考李
本，可是他們所見到的李本已經是經過很多人修改、增加過的年
譜了，而不是李本原來的面貌。如果我們將這三種本子一起對照
比較，則可以更加了解《朱子年譜》之版本的演變過程。陳榮捷
先生以為陳建之《學蔀通辨》引《年譜》有「朱子……曾去學
禪」這句話（在紹興 21 年，1151 年），而葉本有此語，可是戴
本無，於是推斷說：「陳建所用之《年譜》可能為李方子本或葉
本。」❷今李本有「曾去學禪」之語，可以確定陳先生的推斷是
對的。容肇祖不但未見到葉本，更未見到李本，可是也得到相同
之結論。

---

❷　　黃幹跋，《勉齋集》，卷 36，頁 49 下。

❷　　《朱子新探索》，頁 66。

陳先生的結論是：「兩本相較，戴本正文較多數事，但與葉本幾全同。注較詳。其長注多至三四百字者亦大同小異。事符者甚少，惟戴本特重著述。如此相同，必是共沿一本，或即李方子原本亦未可知。」㉕今拿李本與之相較則可見陳先生所言甚是。葉本早於戴本，所以比較接近李方子原本。這點我們亦可以由葉本和李本相同之處比戴本和李本相同之處多得印證。例如李本稱「先生」、「吏部」之處，葉本同，然而戴本則稱「朱子」及「韋齋」。慶元 6 年朱子臨終，李本作：「是日大風拔木，洪流崩山。」葉本從李本誤，戴本則改正，作：「是歲大風拔木，洪流崩岸。」此外紹興 21 年條，李本及葉本都有「曾去學禪」句，戴本則刪去此句。關於《家禮》，李本曰：「未嘗爲學者道之，其後亦多損益未暇更定。」葉本的文字基本上相同，可是多了「易簀後其書始出」此事。戴本則又進一步增加說明，說：「爲一童行竊去，至易簀後其書始出。」由此可見時代愈晚，疊層的細節愈多，愈曲折。至於朱子臨終的另一件重要的事蹟，李本有「就枕誤觸巾，目門人使正之。揮婦人無得近」語，葉本則不載此事，戴本則有。我們因此可以推斷戴銑曾參考李方子的原譜，因爲此事已經被葉公回刪去。除了以上所舉的例子之外，我的比較得到和陳榮捷先生相同的結論。葉本無疑的參照李本，然而刪去李本之處甚多，幾乎已經沒有李本原來的面貌了。例如

㉕　《朱子新探索》，頁 79。

《近思錄》與《四書》何者爲先這個朱門大公案，李本主張《近思錄》爲《四子》之階梯❷。可是自從黃幹反對此說之後，以爲這不是朱子的原來教法，葉本及戴本都不載。李方子對此說堅持甚力。他的〈朱子事實〉中亦述相同的主張。

將李方子所撰的有關朱子的傳記資料和黃幹的〈行狀〉相較之下，我們可以看出朱子門人對師說之詮釋及繼承的歧異。朱門對道統的內容雖然看法不一致，但是他們都同意道統的傳承要靠經典，即如〈行狀〉所說的「聖賢道統之傳，散在方冊。聖經之旨不明，則道統之傳始晦」❷。所以朱子得以繼承聖賢之正統的理由是因爲他整理和發明儒家經典的遺意。朱子作《四書章句集注》是朱子弟子們公認的朱子最高的成就，而且對《四書》的研讀，朱子也提出了一定的先後次序。黃幹說：「先生教人以《大學》、《論》、《孟》、《中庸》爲入道之序，而後及諸經。以爲不先乎《大學》則無以題綱契領而盡《論》、《孟》之精緻。不參之以《論》、《孟》則無以融會貫通，而極《中庸》之旨趣。然不會其極於《中庸》，則又何以建立大本，經綸大經，而讀天下書，論天下事哉。」❷李方子當然贊成這個朱子讀書法，可是在《四書》之外還特別強調朱子又撰了《小學》及《近思

---

❷　陳淳和眞德秀亦如此主張。

❷　《勉齋集》，卷36，頁42下。

❷　同上，頁44下。

錄》來「羽翼《四子》」。在〈朱子事實〉中，他說：「（先生）又嘗集《小學》書，使學者得以先正其操履。集《近思錄》，使學者得以先識其門庭，羽翼《四子》以相左右。蓋此六書者，學者之飲食裘葛，準繩規矩，不可以須臾離也。」㉙而且李方子還進一步說：「先生常語學者曰：《四子》，六經之階梯，《近思錄》，《四子》之階梯。以爲學者當自此而入也。」㉚如此展開了朱門的一大公案。

「《近思錄》，《四子》之階梯」是李方子得自陳淳的話。此語後來收入《朱子語類》卷一〇五。當時朱門的弟子對《近思錄》在儒家典籍中的地位有很大的爭論。陳淳、李方子和眞德秀等人贊成學者先讀《近思錄》，次及《四書》，說這是朱熹的教學方法。黃幹則極力反對。在〈復李公晦書〉中黃幹頗有以朱子的繼承人的地位來批評此看法。他說：

眞（眞德秀）丈所刊《近思》、《小學》皆已得知。後語亦得拜讀。先《近思》而後《四子》卻不見朱先生有此語。陳安卿（陳淳）所謂「《近思》，《四子》之階梯」亦不知何所據而云。朱先生以《大學》爲先者，特以爲學之法，其條目綱領莫如此書耳。若《近思》則無所不載，不

㉙　《西山讀書記》，卷31，頁90上下。

㉚　《文公年譜》，卷31，頁78下。

應在《大學》之先。至於首卷，則嘗見先生說，其初本不
欲立此一卷，後來覺得無頭，只得存之。今近思反成遠思
也。……如安卿之論亦善，但非先師之意。若善學者亦無
所不可也。**㉛**

　　黃榦師事朱熹長達二十二年之久，同門弟子都公認他得朱子
的衣鉢**㉜**。因此黃榦斷言說朱子沒說過「《近思》，《四子》之
階梯」的話幾乎就會使得這個爭論終止討論。但是朱子門人的爭
論點是有關如何了解朱熹的思想，而不在於爭權威地位的高低。
而且黃榦也不依賴權威的力量來解決《近思錄》與《四書》先後
的問題。他最後委婉的說，陳淳的論點是好的，但卻不是「先師
之意」。所以「《近思》，《四子》之階梯」的觀點沒有因為黃
榦反對而在朱門消失。由於黃榦可以容忍朱門弟子不同的見解，
不用權威來統一思想，所以朱子學派才會在南宋產生多元的發
展。黃榦不但對同門道友的批評絲毫不留情，對自己的老師也勇
於指正。「甚至晦庵謂《春秋》止是直書。勉齋（黃榦）則謂其
間亦有曉然若出於微意者。晦庵謂近思先太極。勉齋則謂名近
思，反若遠思者。晦庵解『人不知而不慍』，惟成德者能之。勉

㉛　《勉齋集》，卷 8，頁 17 下-18 上。
㉜　黃榦自淳熙 5 年（1178）即拜在朱子門下。真德秀說：「公之在考
　　亭，猶顏、曾之在洙泗。」見〈勉齋祝文〉，《西山文集》（《四庫
　　全書》本），卷 54，頁 23 下。

齋提云：是君子然後能不慍，非不慍然後爲君子。晦庵解『敏於事而愼於言』，以愼爲不敢盡其所有餘。勉齋提愼字本無不敢盡之意，特以言易肆，故當謹爾。」❸難怪黃震接著說：「凡其於晦庵沒後，講學精審不苟如此，豈惟確守其師之說而已哉？」這是我們讀李方子的《文公年譜》遺文及〈朱子事實〉可以得到的最重要的啓發。

---

❸　《考亭淵源錄》，卷6，頁8下。

孝　經

　　孝道可以說是中國文化的精髓，而《孝經》則是宣揚孝道最精簡，影響力最大的經典。不但是中國社會特別重視孝道，凡是中國文化所及的地方，例如韓國、日本、琉球、越南等地都非常提倡孝道，也都很熱心研究及推廣《孝經》。

　　至少從南宋開始，五，六歲的兒童唸書先唸《三字經》，再讀《孝經》。在元代對皇太子的教育也包括教他唸《孝經》。甚至臣相在經筵向皇帝上課的時候也講《孝經》。所以《孝經》是一部從皇帝到普通的老百姓都要學習的經典，因此可以維持社會上思想的統一，以及促成道德的穩定。《孝經》也是儒家治國經世的重要典籍，很受到歷代帝王的重視。唐朝時《孝經》被列入十二經之中。

　　《孝經》的名稱來自書中所說的「子曰：『夫孝，天之經也，地之義也，民之行也。』」「孝經」這個名詞因此有兩重意義：一方面它指孝道的經典；另一方面它指孝道是天經地義的行為法則。《孝經》的作者最可能是曾子的學派的人，他們假託孔子與曾子的問答而作成《孝經》。至於成書的年代最可能是在秦朝。1993 年在湖北省荊門市郭店村出土了一批楚墓竹簡，其中

有很多和儒家思想有關的資料。大多學者認為竹簡的年代大約在
公元前三百多年左右，代表由子思發展到孟子這個思孟學派的思
想，即代表孔子和孟子之間的思想。如果我們接受這個假設的
話，則郭店竹簡可以用來印證《孝經》是出于曾子的門人的作
品。郭店竹簡有很多論孝的文字及思想和《孝經》相同或近似。
子思是曾子的學生，所以這兩個學派的思想有類似之處是很自然
的事。而且以年代來論，我們可以在郭店竹簡中看到《孝經》思
想的雛型，因為竹簡的年代比《孝經》早大約一百年。

　　《孝經》有古文本、今文本及刊誤本三種版本。其實這三個
版本的內容沒有很大的差別，篇幅的長短也差不多，最大的差異
是在章節的安排上。朱熹作《孝經刊誤》具有革命的意義。他將
古文本《孝經》分成經和傳兩部份，重新安排章節的次序，並且
刪掉二百二十三個字。所以刊誤本《孝經》最短，只有一千五百
多個字。朱熹認為「經」是聖人的話，是孔子和曾子之間的對
話，而其他十四章的傳是後人闡釋聖人的思想之論述。由於程朱
理學後來很發達，在中國及韓國都成為「官學」，所以朱子的
《孝經》刊誤本影響很大。

　　但是今文本《孝經》還是最流行的版本，歷史也最悠久。目
前通行本的《孝經》是今文《孝經》。今文《孝經》比古文《孝
經》少〈閨門章〉。宋代的邢昺和元代的吳澄都認為這一章是隋
朝的劉炫所偽作的。雖然歷史文獻有記載古文《孝經》的記錄以
及孔安國撰序及作傳的事，可是由於古文《孝經》在南北朝的時

候就逸失了，大約一百年之後在隋朝才又重新被人發現，所以唐代就有學者懷疑古文《孝經》是僞作。日本學者林秀一根據東京舟橋清賢所藏的海內外孤本之隋朝劉炫所撰的《孝經述議》殘本，試圖恢復孔安國的《孝經傳》的原貌。今文《孝經》最早有漢代的鄭注（傳說是鄭玄所注），可是大約在南宋時佚失了。敦煌手抄本中發現有《孝經鄭氏解》等《孝經》手稿，分別收藏於巴黎及倫敦的圖書館。《鄭注孝經》終於在一千年之後又和世人見面。由於這些新的材料的發現及出版，《孝經》的研究可以說進入了一個有史以來的高潮。

　　《孝經》一開頭就記載孔子告訴他的弟子曾子的話，說孝是先王的「至德要道」，是「德之本，教之所由生也」（〈開宗明義章〉）。《孝經》對孝道有很系統的敘述，認爲孝是最重要的德行，是百行之源，眾善之本，而且主張君王要把孝道應用在治國上面。因此《孝經》可以說是提倡泛孝主義的社會倫理。但是《孝經》認爲孝之倫理規範應該是建立在父母與子女之間的親情。它說：「親生之膝下，以養父母日嚴。聖人因嚴以教敬，因親以教愛。」（〈聖治章〉）這是說孝是子女對父母的養育之愛自然生出來的報恩的心意，而不是將孝視爲子女對父母的義務或是責任。《孝經》主張子女將對父母的愛敬之心延伸到做人處事上去，都是孝道的表現。例如《孝經》：「資於事父以事君，其敬同」；又說：「故以孝事君則忠。」（〈士章〉）這就是「移忠作孝」的看法。

　　《孝經》很重視敬，而不是把孝的重點放在撫養父母上面，或是要求子女應該順從父母的旨意。當然撫養父母也很重要，《孝經》說這是庶人之孝，即是一般人都應該做的事。但是撫養父母應該是出于父母與子女之間的親情，而非出於強制的要求。所以《孝經》很強調「父子之道，天性也」（〈聖治章〉）。並且父母有過錯時，子女一定要規勸父母改過，不可以盲目的聽從父母的話。《孝經》說：「當不義則子不可以不爭于父，臣不可以不爭于君。故當不義，則爭之。從父之令，又焉得為孝乎？」（〈諫諍章〉）愚忠愚孝絕對不是《孝經》的原意。

　　但是《孝經》也有很強調父權權威的地方，說：「孝莫大於嚴父（尊敬父親），嚴父莫大於配天。」（〈聖治章〉）此外《孝經》也把不孝視為最大的罪過，「五刑之屬三千而罪莫大于不孝」（〈五刑章〉）。過去中國的傳統社會裏，不孝是一種犯罪的行為，父母可以到衙門去控告子女不孝。所以我們也不能忽視《孝經》有強制性的一面，想藉用社會的制裁來強迫子女履行孝道。君主及居上位的人也有想利用孝道的權威來統治人民，把孝道當作一種意識型態來教育百姓。五四運動的時候，胡適及陳獨秀都要打倒「孔家店」，都非常反對孝道。胡適有一首很有名的詩叫做〈我的兒子〉（作於 1919 年，收入《嘗試集》）：

　　　　我實在不要兒子，兒子自己來了。

　　　　「無後主義」的招牌，於今掛不起來了。

譬如樹上開花，花發偶然結果。

那果便是你，那樹便是我。

樹本無心結子，我也無恩於你。

但是你既然來了，我不能不養你教你，

那是我對於人道的義務，並不是待你的恩誼。

將來你長大時，莫忘了我怎麼教訓兒子：

我要你做一個堂堂正正的人，不要你做我的孝順兒子。

　　當我們回去看《孝經》的原典的時候，我們不能忽視《孝經》的思想隱含了泛孝主義及父權至上的危險性，可是我們更要去體會《孝經》的原意是認爲孝行應該出於眞情的愛敬和感恩的心。《孝經》往往和《二十四孝》的繪圖一起刊刻。二十四孝的故事用很美的方式把孝是出於感恩的自我犧牲表現得很盡致。我認爲這才是《孝經》的精神。五四運動打倒「孔家店」所要攻擊的孝道已經遠離《孝經》很遠了。

參考書籍

陳鐵凡：《孝經學源流》，臺北：國立編譯館，1986 年。

楊鴻銘：《孝經之文學》，臺北：文史哲出版社，1984 年。

何子煌：《孝經的研究》，新加坡：文學書屋，1984 年。

徐復觀：〈中國孝道思想的形成、演變及其在歷史中的諸問題〉，《中國思想史論集》，臺北：臺灣學生書局，1988

年，頁 155-200。

黃得時：《孝經今註今譯》，臺北：臺灣商務印書館，1972
年。

羅螢：《孝經漫談》，臺北：頂淵出版社，1997 年。

孝經與元代儒學

　　儒學在元代相當復興是學界的共識。以往的學者都是從制度、教育及思想潮流等方面來討論儒學，尤其是程朱理學，在元代復興及發展的情況❶。本文將從《孝經》的注釋及流傳來看儒學思想如何影響元朝儒者對《孝經》的了解。現存元代注《孝經》的著作僅有以下三種：貫雲石（1285-1324）之《孝經直解》、董鼎的《孝經大義》和吳澄（1249-1333）的《孝經定本》。然而可考的，卻已經佚失的作品則有二十多種❷。《孝經》的篇幅簡短，只有一千多字，而且文字淺顯，意思明白易曉，至少從唐代起就做為孩童啓蒙的課本。大部份注釋《孝經》的書都是為了訓童子而作的。從這個角度來看，《孝經》的注釋沒有多大哲學或是思想史上的意義。像「孔子名丘字仲尼」這種注解又能夠表現多少思想哲理呢？

　　但是《孝經》也有長達一千五百多年有關今古文之爭執，加上皇帝御撰的注解，如唐玄宗（685-762）及清雍正皇帝（1678-

---

❶　　參見研究書目中所列之著作。

❷　　詳見附錄之表列。

1735）所頒佈刊行的版本，都形成一種詮釋權威，在思想史上有
其特定的地位及意義。此外，思想家如朱熹（1130-1200）撰
《孝經刊誤》，吳澄也提出他校訂出來的《孝經》定本。他們都
想建立思想上的詮釋傳統。因此用那一種《孝經》版本，或是尊
崇那一家的解說，雖然在內容上沒有太大的差異，但往往是表白
一位學者的學術淵源以及一個學派的影響力的指標。在元代今文
本《孝經》仍然佔優勢，可以說代表官方的「定本」。貫雲石之
《孝經直解》和吳澄的《孝經定本》都是以今文本為底本。董鼎
撰注《孝經大義》，則採取朱熹的刊誤本，但是也特別標明刊誤
本和今文本的差異。由於元朝特別推崇朱熹的思想，所以朱熹的
刊誤本應該流傳很廣。本文將分析元代所流傳的《孝經》在版本
及注釋上如何反映思想上的差異。

　　《孝經》和《大學》都是儒家講經世思想的重要典籍。《孝
經》比《大學》的八條目更具體，提出以孝治國的理念，並且認
為孝是最高的德性，是「先王的至德要道」，是「德之本，教之
所由生」，是百行之源，眾善之本。《孝經》之名來自書中所說
的「夫孝天之經也」❸。因此《孝經》將孝提高成一種無所不包
的德行，提倡泛孝主義的社會倫理。《孝經》又主張孝行可以感

---

❸　　今文本〈三才章〉。一般把《孝經》的書名翻譯成 Classic of Filial
　　Piety，或是 Canon of Filial Piety，是將「經」解為「經典」，和《孝
　　經》的原意不同。比較忠於原意的英譯應該是 Norm of Filiality。

應天地神明，甚至具有宗教的意味。難怪有西方的漢學家認爲孝是中國人的宗教。但《孝經》主要的思想認爲孝是出於父母與子女之間的親情。它說：「故親生之膝下，以養父母曰嚴。聖人因嚴以教敬，因親以教愛。」❹所以《孝經》也成爲闡揚儒家倫理很簡短精要的書籍。因此上自帝王，下至父母師長，都可以基於不同的目的來推行《孝經》。對《孝經》的詮釋也隨著各種不同的立場而有差異。本文將分析元代三部注《孝經》的著作如何強調在政治上應用孝來鞏固君主的權威、父權的地位，維繫社會之秩序，以及要求人民順從權威的領導。換句話說，我想探討孝如何被當做一種意識型態來管理人民的思想和行爲。

孝經直解

　　貫雲石是一位富有傳奇性的人物。他出生於名門。他的祖父是平定南宋的蒙古名將阿里海涯。他戲劇性的一生以作散曲聞名，並不是一位對思想史特別有貢獻的學者。他所撰的《孝經直解》是研究元代口語的珍貴資料，而且目前僅有日本林秀一所藏的元代刊本，可以說是海內外孤本，因此更加珍貴。這個版本的全名是「新刊全相成齋孝經直解」，每頁上面有附圖，下半頁是文字，和當時的「全相」版本的形式一樣，是研究元代的版畫、

---

❹　〈聖治章〉。

繪畫的重要資料❺。

貫雲石是蒙古的貴族，受到很好的漢文的教育。雖然他撰《孝經直解》時只有二十三歲，可以說是他年輕之作，可是這本書是爲了教育當時未滿十歲的皇太子❻所做的，可以說代表了蒙古統治者對《孝經》的詮釋，以及對儒學及理學的認識。雖然《孝經直解》的文字非常淺顯明白，我們仍舊可以看出一些蒙古人想如何利用儒家的思想來統治中國的意圖❼。

貫雲石原名小雲石海涯，號酸齋。他的父親叫貫只哥，所以他就以貫爲姓。雖然他出身於將相之門，繼承他父親的官職，鎮守永州，而且他相當孔武有力，可是他短短的一生卻和文學的關係比較密切。他後來棄仕隱居，「道味日濃，世味日淡」❽，而且在天目山和著名的禪師明本中峰（1263-1323）打機鋒，「劇談大道，箭鋒相當。每夏坐禪包山，暑退始入城」❾。他是漢化

---

❺ 見宮紀子：〈『孝經直解』の插繪をめぐつて〉，《東方學》第 95 期（1998 年 1 月），頁 1-15。

❻ 後來成爲英宗。

❼ 見吉川幸次郎：〈貫酸齋「孝經直解」の前後——金元明の口語の經解について〉，《吉川幸次郎全集》（東京：筑摩書房，1969 年 11 月），第 15 卷。

❽ 歐陽玄撰〈元故翰林學士中奉大夫知別諳同備國史貫公神道碑〉，見《圭齋集》（臺北：臺灣商務印書館，1979 年《四部叢刊》本），卷 9，頁 22 上。

❾ 同上註，頁 22 下。

很深的蒙古人，從小受到很好的儒學教育，早年在朝廷也有一番做為，可是在個性上，他曠達不拘，以「涉世為戲」。他的生涯前後截然不同，似乎具有漢人和蒙古人雙重的性格和人生觀。難怪歐陽玄（1283-1357）對貫雲石下的斷語是：「神龍天馬，其變不可測，其常不可窺。」❿貫雲石的著作有「碑銘記敘雜著詩詞若干卷，及所進《孝經》行于世」⓫。他的著作現存的只有詩二十三首以及《孝經直解》⓬。他晚年非常反儒學，可是竟然身後以注解儒家的經典《孝經》留名於歷史上。

貫雲石應該是相當有才氣的人。他曾經從學於姚燧（1239-1314）。姚燧見他「古文峭屬有法，及歌行古樂府，慷慨激烈，大奇其才」⓭。所以姚燧數次向仁宗推薦貫雲石。後來他進所著的《孝經直解》，仁宗於是任他為皇太子（英宗）的說書秀才，當時他才二十三歲。當皇太子繼位之後，他就「特旨拜翰林學士中奉大夫，知制誥同修國史」⓮。貫雲石當時在北京，作了一首詩寄給他的朋友，說：「十年故舊三生夢，萬里乾坤一寸心。秋水夜看燈下劍，春風時鼓壁間琴。邇來自愧頭尤黑，贏得人呼小

---

❿　同註❽，頁 22 下。

⓫　同註❽。鄧文原之《巴西集》有〈翰林侍讀學士貫公文集序〉。《元史》貫雲石的本傳說他有文集行於世。

⓬　見吉川幸次郎，頁 320。

⓭　〈神道碑〉，頁 20 下。

⓮　〈神道碑〉，頁 21 上。

翰林。」⑮當時他才二十六歲，可以說是少年得志。他在翰林院
時，參與了規劃舉辦科舉考試的事，也曾經上書討論朝政，提出
六項建議：「一曰釋邊戍以修文德。二曰教太子以正國本。三曰
立諫官以輔聖德。四曰表姓氏以旌勳冑。五曰定服色以變風俗。
六曰舉賢才以恢至道。」⑯不久他就辭官歸江南，到處遊山玩
水。

　　貫雲石當時已經是一位風雲人物了，不但詩文散曲作得好，
而且寫得一手好字，又是蒙古的貴族，所以他雖然逃官，可是無
法逃名。他在「江南十餘年間，歷覽勝概，著述滿家。所至縉紳
之士、逢掖之子、方外奇人，從之若雲。得其詞翰，片言尺牘，
如獲珙璧。公曰：我志逃名，而名隨我。是將見害」⑰。於是他
到杭州「詭姓名，易冠服，混於居人」⑱。他在市場掛上「第一
人間快活丸」的招牌，當起賣藥郎中。他又自號「蘆花道人」。
歐陽玄為他這種怪異曠達的行徑做如下的評語：「銖視軒冕，高
蹈物表。居之弗疑，行之若素，泊然以終身。此山林之士所難
能，斯其人品之高，豈可淺近量哉？」⑲我們讀貫雲石的《孝經
直解》時，很難想像他晚年變得那麼仙風道骨，也很難接受他二

---

⑮　　引自吉川幸次郎，頁 320-321。

⑯　　〈神道碑〉，頁 21 上。

⑰　　〈神道碑〉，頁 21 下。

⑱　　同上註。

⑲　　〈神道碑〉，頁 22 下。

十多歲注《孝經》的時候，同時也寫出像「自然體態溫柔，可意龐兒耐羞，看時節偷眼將人溜，送與人些風流證候」如此香艷的句子[20]。不過我們總會對他三十九歲英年早逝而感到可惜。

雖然朱彝尊（1629-1709）的《經義考》登錄貫雲石的《孝經直解》為佚書，可是明、清許多家的藏書目錄都有記載此書，可見並未佚失。這些目錄有時將《孝經直解》登錄作《直解孝經》，作者都作「小雲石海涯」[21]。目前僅見的孤本，由林秀一家所收藏，1938 年，由於吉川幸次郎的推介，首次在北京影印出版，和學者見面。這個版本叫做「新刊」，似乎不是初次刻版的刊本。因此書的原名該是《孝經直解》。《孝經直解》附有十五幅圖畫，使用標準的今文《孝經》本子，分成十八章加以注解。

直解是口譯的意思，是將文字譯成當時的口語，因此有時也稱做「直譯」，是在金朝統治中國的時候就出現的一種新的文類，到了元代則特別盛行[22]。將中國的經典翻譯成淺近口語，是

---

[20]　吉川幸次郎，頁 319。

[21]　有關版本的討論，參見林秀一、長澤規矩也：〈元刊本成齋孝經直解に關すて〉，《書誌學》，第 1 卷第 5 號（1933 年 9 月），頁 19-21。

[22]　參見吉川幸次郎：〈貫酸齋「孝經直解」の前後——金元明の口語の經解について〉，《吉川幸次郎全集》（東京：筑摩書房，1969 年 11 月），第 15 卷，頁 325-321。

爲了給蒙古的統治者使用，也同時做爲蒙古譯文的底本。《孝經直解》的注釋部分每句話的結尾都加一個「有」字，例如：「以這個勾當順治天下有。」吉川幸次郎（1904-1980）認爲這種口語的形式介於元雜劇自然的口語和直譯蒙古文聖旨的口語之間❷❸。許衡（1209-1281）的《大學要略》是將《大學》譯成口語，但是文字比較流暢，是他用口語說《大學》的講稿，因此也叫做《直說大學要略》。「直解」有時候和「直說」交換使用，因此貫雲石在序中就用「直說孝經」，貫雲石講說《孝經》的對象是十歲左右的皇太子，所以他用的口語比較接近蒙古文。

　　貫雲石作《孝經直解》的目的是希望藉著《孝經》來教化一般百姓，「使匹夫匹婦皆可曉達，明於孝悌之道。庶幾愚民稍知理義，不陷於不孝之□」❷❹。他很謙虛的說他注《孝經》，「初非敢爲學子設也」❷❺。但是很明顯的，他作此書有雙重目的，一方面爲了教育皇太子，另一方面要廣泛的印行《孝經》，用來教化一般百姓。這種用同樣的教材和思想來教育社會最高的統治者和最卑下的民眾，正是《孝經》最精要的觀念。「自天子至於庶人，孝無始終。而患不及者，未之有也。」❷❻此外《孝經》將孝

---

❷❸　見吉川幸次郎，頁 326。

❷❹　《孝經直解》，劉堅、蔣紹愚主編：《近代漢語語法資料彙編（元代明代卷）》（北京：商務印書館，1995 年 1 月），頁 49。

❷❺　同上註。

❷❻　〈庶人章〉。

道的思想系統化，提高孝的重要性，認爲孝是聖人的至德要道，是「德之本也，教之所由生也」❷。因此孝可以說是取代了仁，成爲儒家最高的德目。對於蒙古人來說，《孝經》提供了一個很精簡的治國、治人、安身立命的思想，可以一方面用來使他們的政權合法化，另一方面也是統一思想、維繫社會秩序、鞏固權威的方式。後來明太祖（1328-1398）頒布〈教民榜文〉，其中主要引用了《孝經》的思想。我想這是出於類似的政治動機。

貫雲石的解說相當忠實於《孝經》的原意，尤其在解釋孝應該建立在愛上面，是子女對父母親的愛所自然生出的回報的心意。他用白話說出來，讓人更覺得明白、親切。例如〈士章第五〉：

「資於事父以事母，而愛同」，將那孝順父的心來孝順母親，心裏一般愛有。「資於事父以事君，而敬同」，將那孝順父的心來孝順官裏呵，心裏一般敬有著❷。

孝的重點是在敬，而不是在撫養父母。貫雲石的解說也相當清楚，和《論語》所說孝道的意思是一致的。貫雲石將孝譯成孝

---

❷　〈開宗明義章〉。
❷　《孝經直解》，劉堅、蔣紹愚主編：《近代漢語語法資料彙編（元代明代卷）》，頁52。

順，但是並不把「順」解釋成順從或是順服。這也和《孝經》的本意符合。《孝經》最反對把孝當作無條件的順從父母，所以「當不義則子不可以不爭於父，臣不可以不爭於君。故當不義則爭之。從父之令又焉得孝乎」？㉙對於移孝事君的思想，《孝經》說：「忠順不失以事其上。」貫雲石並沒有特別在此強調順是對君上順從，只說：

> 資於事父以事母，而愛同；將那孝順父的心來孝順母親，心裏一般愛有。資於事父以事君，而敬同；將那孝順父的心來孝順官裏呵，心裏一般敬有著。將那孝順的心官裏行呵，便是順有。㉚（〈士章〉第五）

對於「長幼順，故上下治」這句話，他的譯文是：「一家小大和順呵，便整理得上下的勾當有」㉛。長幼尊卑的關係應該是和順的關係，並不是卑幼者順從尊上者才是「上下治」。

儒家的孝道非常重視諫諍，《孝經》有一章專講諫諍。《孝經直解》的說明非常明白：「這般的但有差錯處，孩兒每便索勸諫父母，臣寮每便索勸諫官裏。」㉜但是我們要注意，貫雲石說

㉙　〈諫諍章〉。
㉚　同上註，頁 52。
㉛　頁 58。
㉜　同上註，頁 57。

君主有過失的時候，臣相應該向諫官報告，而不是直接上書勸諫君主。貫雲石爲何特別強調諫諍應由專職的官員來做，而臣相，無論是漢人或是色目人，都應該透過諫官來指正君主的過失則不可知。或許這裏反映出蒙古人對階級的分野有比較嚴格的看法。往往在這種對《孝經》很細微的解釋上，我們可以看出各家的說法有何不同。我所見的注《孝經》的本子，似乎都沒有特別強調或討論諫諍必須要透過諫官來做。對於諫父之過，《孝經直解》有一段很生動的解說：「孔子再說父母但有不是處呵，急急的索苦諫了著。這般不諫，則管順著錯處行呵，便是孩兒陷了父母也。怎生是孝有。」❸這段話將諫父的苦心、耐心表達無遺，不是原文：「故當不義則爭之，從父之令又焉得爲孝乎？」所可以比得上的。

　　《孝經直解》用今文本的《孝經》是隨著當時的潮流。貫雲石的口語解說加上繪圖之後，則成爲非常好的幼童教材。〈神道碑〉僅說他進《直解孝經》❹，而《元史》說他有《直解孝經》一卷行於世❺，都未說此書有圖。圖是何人所繪不可考。根據宮紀子的研究，《孝經直解》的插圖和趙孟頫（1254-1322）的《孝經圖卷》關係非常密切。當時《列女傳》及《二十四孝圖》

---

❸　〈諫諍章第十五〉，同上註，頁 57-58。

❹　頁 21 上。

❺　《元史》（臺北：臺灣中華書局，1981 年《四部備要》本），卷143，頁 7 下。

的全相本內的插圖都和《孝經直解》是同類的出版物。《孝經》的繪圖以李公麟所繪的最著名❸。宋濂（1310-1381）的〈題李伯時畫孝經圖後〉曰：「至正中（1341-1368 年），著作郎永嘉李孝光進入秘府。順帝詔翰林學士承旨臨川危素逐章補書經文。」❸可見經文的文字是後來補寫的。相對之下，《孝經直解》可能是先有文字，刻版時才加上插畫。這種全相本的插畫風格是屬於庶民畫的傳統，和李公麟或是趙孟頫的文人畫很不同。宮紀子詳細的比對《孝經直解》和趙孟頫的《孝經圖卷》之後，認為比較晚出的趙孟頫所作的文人畫受到了《孝經直解》的影響，可說是替庶民文化影響文人高層文化提供了一個例證。我們暫時不在此討論繪畫史的問題。從南宋以來，藉著印刷術的普及，例如《太上感應篇》的善書大量的在民間流傳。由《孝經直解》的插畫，我們可以推測儒家此時也積極的參與這個教化民眾的運動。大儒如朱熹、真德秀（1178-1235）都很善於利用榜文傳佈儒家的倫理思想。有插畫的《孝經》、《女孝經》和《列女傳》都是為了教化民眾，也自然有和宗教意味比較濃的善書競爭的動機。

當時有插圖的《孝經》本尚有李孝光的《孝經圖說》和林起宗的《孝經圖解》。林起宗還有《中庸》、《大學》、《論

---

❸　目前該畫由方聞先生收藏。

❸　宋濂：《文憲集》（《文淵閣四庫全書》本），卷 13，頁 44 下。

語》、《孟子》的作品❸。由此可見用繪圖來幫助文字的傳播，在元代很盛行。貫雲石用口語生動的解說，配上高雅、精緻的插畫，可以說是傳佈《孝經》非常有效的方式。

孝經刊誤

由於董鼎和吳澄所注的《孝經》都是用朱熹的《孝經》刊誤本，所以在討論他們的注解之前，我們必須先了解朱熹作《孝經刊誤》的用意。《四庫全書總目提要》認爲朱子詆毀《孝經》「已非一日，特不欲自居于改經，故託之胡宏、汪應辰耳」❸。這不但是因爲朱子刪掉《孝經》的文字，重訂章節的次序，主要是因爲朱子批評《孝經》的內容有許多不妥之處。朱熹根據司馬光（1019-1086）所採用的古文本《孝經》，將《孝經》的內容分成經一章和傳十四章，並且重新編排古文《孝經》的文字次序，刪掉二百二十三字❹。《孝經刊誤》成於淳熙 13 年（1186）八月，當時朱熹五十七歲，是朱熹思想成熟之後的作品，可以代表他晚年的思想。該年三月他完成《易學啓蒙》，隔

---

❸ 蘇天爵：《滋溪文稿》（北京：中華書局，1996 年），卷 14，〈內丘林先生墓碣銘〉。

❸ 《孝經刊誤》，〈提要〉，《四庫全書總目提要》（臺北：《文淵閣四庫全書》本），頁 2 下。

❹ 《孝經刊誤》，〈提要〉，《四庫全書總目提要》（臺北：《文淵閣四庫全書》本），頁 2 下。

年三月《小學》也成書。這些都是爲了教授兒童所編撰的教材。因此朱熹作《刊誤》和編輯《小學》是同一類的工作，都是爲了啓童蒙而設的。朱熹懷疑《孝經》是僞書。在《孝經刊誤》的跋文中，他說：「《孝經》相傳已久，蓋出於漢初左氏未盛行之時，不知何世何人爲之也。」❹可見他並未把《孝經》視爲聖人之言的經典，而要指正其中的錯誤，以「復經文之舊」❷。後人欲加「改經」之罪於朱熹頭上，顯然是對《孝經》的眞僞持完全不同的看法。由於每一個時代的儒者對儒家的經典的內容都有不同的看法，爭論朱熹是否鄙視《孝經》❸或是「改經」，並沒有多大意義。我認爲在思想史上比較有意義的討論，是去探討朱熹對《孝經》的刪定如何顯示他對孝道的看法。

朱熹雖然採用古文《孝經》，但是認爲今文本與古文本各有優劣，因此他不盡信任何一個本子。後來朱子的門人及尊朱的學者也都持此立場，拿今文與古文本互較長短，做出不同的「定本」出來。總之，朱熹懷疑《孝經》不是聖人的話，認爲《孝經》是戰國時代的人湊合出來的作品。他主要是從義理的角度來

---

❹ 　《朱子大全》（臺北：臺灣商務印書館《四部備要》本），卷 66，頁 8 上。

❷ 　同上註，頁 2 下。

❸ 　陳鐵凡持此說，見陳鐵凡：《孝經學源流》（臺北：國立編譯館，1986 年），頁 221。

評論。因此他說《孝經》講的孝道不如《論語》親切有味❹。這是基於他的思想所下的判斷。因此除了《小學》中錄了六條《孝經》的話以外，他很少論及《孝經》。所以朱熹輕視《孝經》是事實，但是如果說朱熹鄙視《孝經》則很難成立。

在《孝經刊誤》的跋語中，朱熹說：「竊嘗考之。傳文固多傅會，而經文亦不免有離析增加之失。顧自漢以來諸儒傳誦，莫覺其非，至或以為孔子之所自著，則又可笑之尤者」❺。《朱子語類》中討論《孝經》的篇幅不多，可見朱子並不甚重視《孝經》，沒有將它視為唐代以來所認可的十三經中的一部❻。朱熹除了批評《孝經》有許多文句不連貫之處，他更直接批評《孝經》有些思想不妥。上述所論及的仁與孝何者為先，即是一例。另外一點涉及博愛與親親何者為先。

《孝經》曰：「先王見孝之可以化民也，是故先之以博愛，而民莫遺其親。」朱熹認為：「先之以博愛，亦非立愛惟親之序，若之何而能使民不遺其親耶？」❼儒家講有等差的愛。五常和《大學》的八條目都是基於有等差的愛而推展出去的倫理，和博愛的觀念會有直接的衝突，所以朱熹將這整段話刪掉。但是朱

---

❹　《朱子語類》（北京：中華書局，1986 年），卷 82，頁 2142。

❺　《朱子大全》，卷 66，頁 2 上。

❻　陳榮捷先生專研朱子，對朱熹的思想及生平都有詳盡的分析和闡述，可是卻很少論及《孝經刊誤》。

❼　《朱子大全》，卷 66，頁 3 上。

熹最不滿意的是《孝經》太過於膨漲父權，太提高君主的權威。所以雖然宋代以後的統治者提倡《孝經》，但是絕對不用朱子的《孝經刊誤》本，因爲朱熹的評語不利於統治者想利用《孝經》來統一思想、鞏固權威的動機。

朱熹說：「『孝莫大於嚴父，嚴父莫大於配天。』則豈不害理。儻如此，則須是如武王、周公方能盡孝道，尋常人都無分盡孝道也。豈不啓人僭亂之心？」[48]所以朱熹辨之，說嚴父配天是針對周公而說的，不可以當做倫常的通訓。朱熹說：「因論武王、周公之事而贊美其孝之詞，非謂凡爲孝者皆欲如此也。又況孝之所以爲大者，本自有親切處，而非此之謂乎。」[49]「君臨其親」如果被解釋成事父如事君，則和《孝經》以父子之間的親情做爲社會倫理的基礎之原則恰好相反，也很容易流成「事父如天」這種父權至上的看法。

朱熹贊成「移孝事君」的觀念，因爲事父和事君的態度是一樣的，都要用尊敬的心來做。同時朱熹很強調《孝經》所言的以諫諍來限制君權，以及三諫不聽而去的儒家主張。但是從朱熹的思想來看，《孝經》有些地方太提高君主的地位，因此和諫諍的做法有牴觸，所以對於「是以天下和平，災害不生，禍亂不作。故明王之以孝治天下也如此」，朱熹就不贊同，認爲這段話的意

---

[48]　《朱子語類》，卷82，頁2141。

[49]　《朱子大全》，卷66，頁4上。

思是「蓋經以孝而和，此以和而孝也」。因爲如果國泰民安、天下太平就表示君主以孝治天下，則有些暴君用高壓、殘忍的手段來維持社會的和睦，不是也可以說是「孝治天下」呢？

從程朱理學的角度來看，以上這些《孝經》的文字似乎和儒家的思想有不完全吻合之處。後來注《孝經》的人也都特別注意到以上這些關鍵論點。從元人如何解釋《孝經》的這幾項關鍵問題，我們可以看出理學對詮釋《孝經》的影響。

孝經大義

董鼎撰《孝經大義》很忠實的依據朱熹的刊誤本加以註解，所以明代江元祚校定的《孝經大全》之版本曰「朱文公刊誤古文《孝經》」，而且特別在書名之下標明說是「元本」。這個版本未刻熊禾（1247-1312）所撰的序，似乎不是熊禾所刊刻的本子，但是它的內容和《四庫全書》的《孝經大義》完全相同。江元祚在《孝經大全》的目錄中，將董鼎的書列入「宋孝經」項下，可是在文中卻說「元董鼎註」，似乎前後矛盾。

董鼎的生卒年不可考，大約是宋、元之間的人。《孝經大義》首刊於元大德9年（1305），因此把它當做元朝刊刻的《孝經》來討論，應該也可以。董鼎字季亨，號深山，鄱陽人。熊禾❺⓪

---

❺⓪　　有關熊禾的生平及思想，參見高令印、陳其芳：《福建朱子學》（福州：福建人民出版社，1986年），頁179-193。

在〈孝經大義序〉中說董鼎的兒子董眞卿「訪予雲谷山中，手攜
《孝經大義》一書，取而閱之，則其家君深山先生董君季亨父所
輯也」❺。稱「家君」或許當時董鼎尚存。熊禾說：「其書爲初
學設，故其詞皆明白而切實，熟玩之則意味精深，又有非淺見謏
聞所能窺者。」❺熊禾的族兄熊敬刻此書於書塾，以廣其傳。

　　熊禾特別推崇《孝經大義》，一方面因爲他自己也很重視幼
童的教育，撰有《小學句解》❺，也是爲了教授孩童而作的書。
可是最主要的理由，我想是因爲董鼎採取朱子的刊誤本而做注
解，可以彌補朱子未竟之志業。他說：「我徽國文公特起南夏，
平生精力用工《易》、《四書》爲多。至此書則僅成《刊誤》一
編，注釋大義猶有所未及。噫！人子不可斯須忘孝，則此經爲天
子至庶人一日不可無之書。章句已明而文義猶闕，顧非一大欠事
乎？」❺熊禾是福建建陽人，非常崇拜朱熹。他從學於朱熹的弟
子輔廣，是南宋度宗咸淳 10 年（1247）進士。入元之後，誓不
仕宦，隱居武夷山三十多年，主持鰲峰書院，從事講學。對於發

---

❺　　《孝經大義》（臺北：臺灣商務印書館《文淵閣四庫全書》本），頁
　　　3 上。

❺　　同上註。

❺　　熊禾尚著有《註解朱文公先生小學集注大成》六卷，此書有北京首都
　　　圖書館藏明宣德 9 年梅隱精舍刻本。他尚有《勿軒易學啓蒙圖傳通
　　　義》七卷，北京圖書館藏有元代熊坑刊本。

❺　　同上，頁 2 下。

揚朱熹學說的著述，他當然很樂意協助出版。

《宋元學案》將董鼎列入介軒學案❺，視他爲黃榦（1152-1221）的再傳，朱熹的三傳❻。董鼎的族兄董夢程是黃榦的門人。董鼎說他「生也晚，于道未聞，賴族兄介軒親受學于勉齋、槃澗，故再傳而鼎獲私淑焉」❼。由此可知他自己認爲私淑黃榦。由他所著的《尚書輯錄纂注》及《孝經大義》來看，他非常推崇朱子。正如吳澄所說的，董鼎「治聖人之經，學朱子之學」❽。他的這兩部書都收入《四庫全書》。吳澄對《書傳輯錄纂注》特別嘉許，謂此書「窮經有特見而無黨同護闕之蔽」❾。我想這個評語也可以用在《孝經大義》上。董鼎雖然尊朱，採用朱熹所定的《孝經刊誤》本，但是他特別標出朱子的刊誤本和今文本《孝經》的不同。可見他仍舊認爲今文本有值得參考之處，而刊誤本未必可以完全取代當時視爲定本的今文本。他並沒有盲從朱子。

朱熹使用司馬光古文《孝經》本做爲底本，分爲經一章，傳十四章，而且刪掉二百二十三字，做成《孝經刊誤》。其實《朱子文集》卷六十六的《孝經刊誤》並沒有更動古文《孝經》的文

---

❺　卷89。

❻　《宋元學案》的學術傳承表意在壯大師承，因此不能完全相信。

❼　《宋元學案》，卷89，頁2上。

❽　〈後序〉，頁11上。

❾　同上註，頁12上。

字次序，也沒有將他認爲應該刪掉的字塗掉，只是標明「當爲傳之三章」，或是「以下凡六十九字並刪去」。宋人朱申撰的《朱文公定古文孝經》仍舊有一千八百十六字，文字的次序和《朱子文集》本相同，也保留了古文本《孝經》的原貌。董鼎的注本是第一個依據朱子的意思而刪改出來的刊誤本。後來董鼎的注本流行很廣，在日本亦很流行，可以說是朱子刊誤本的定本。

　　董鼎的注完全採取朱熹的看法，自然符合朱門弟子熊禾的觀點。因爲《孝經》把孝視爲先王的至德要道，和朱熹以仁爲中心、爲至德的倫理觀，表面上有衝突，所以朱子學派都採取釋義的方式來解《孝經》。熊禾批評唐玄宗御製的〈孝經序〉「以禮爲外飾之所資，仁義爲後來之漸有，不知所謂因心之孝者果何所因，而又何自而萌乎」⑩？唐玄宗的〈序〉說：「朕聞上古，其風朴略。雖因心之孝已萌，而資敬之禮猶簡。及乎仁義既有，親譽益著，聖人知孝之可以教人也。」⑪朱熹詮解《孝經》最基本的原則是「不以文害意」。熊禾按照朱子理學的觀點，在〈孝經大義序〉中說：「仁，人心也。學所以求仁，而孝則行仁之本也。」⑫董鼎即是依據這個原則，接受仁比孝爲更基本的觀念來釋《孝經》。他釋「至德」爲「仁爲本心之全德。仁主于愛，愛

---

⑩　　同上註，頁 2 下。

⑪　　《宋刻孝經》，頁 1。

⑫　　《孝經刊誤》，《朱子文集》，卷 66，頁 4 上。

莫大于愛親，故孝爲德之至」❻。所以是以德行來釋「至德」的德。對於《孝經》所說的孝是先王的要道，董鼎解釋說：「父子、君臣、夫婦、兄弟、朋友之交，五者雖皆謂之道，而親生膝下，行之最先，故子孝於父獨爲道之要。」❻這也是從五倫的範圍來論，並不是說孝是至高無上的德目。此外，《孝經大義》用天理的觀念來詮釋「以順天下」，說：「順者不過因人心天理所固有，而非有所強拂爲之也。」❻他對孝下的定義是：「孝者天性之自然，人心所固有。」❻而天性或是天理在親子關係中是以慈愛來呈現，換句話說，「天性之自然」的流露即是慈愛。董鼎的注說：「得天性而爲慈愛，得地之性而爲恭順。慈愛恭順即所以爲孝。」❻這是用程、朱的理學概念將《孝經》以愛爲親子關係的基礎之思想詮釋得很透徹。同一節中，他釋「德」爲「德者人心所得于天之理」❻，像這樣的例子，在董鼎注釋中很多，完全符合朱熹之「性即理」的心性觀。所以董鼎對《孝經》的名稱做如下說明：「孝者五常之本，百行之源也。」❻「經，常也。名

---

❻　《朱文公刊誤古文孝經》，《孝經大全》，《孔子文化大全》本（濟南：山東友誼書社，1991年），頁232。

❻　同上註。

❻　頁231。

❻　頁251。

❻　同上註。

❻　頁230-1。

❻　頁233-4。

之曰《孝經》者，以其可爲天下萬世常法也。」⓪「所以教之愛敬者，不過啓其良心，發其善性，而非有所待乎外也。」⓪

董鼎並沒有在注釋中將父親及君主的權威絕對化，而是強調父子的關係是基於親情之愛，而君臣的關係是基於尊敬。他說：「父子之道天性，謂親也。君臣之義，謂嚴也。《易》曰：『家人有嚴君焉。』父母之謂也。以父之親言，故曰：『續莫大焉。』以君之尊之，故曰：『厚莫重焉。』德主愛，亦是就親字說。禮主敬，亦是就嚴字說。」⓪由於禮具有相互性，所以君臣的關係在這個意義上，也隱含相互尊敬之意。所以董鼎在論及君臣的互動關係中，很強調臣子要匡正君主的惡念，「陳善閉邪，慮之以早，防之以豫，戒于未然，止于無迹」⓪。因爲一旦惡念成形，君主做出惡行，臣子不得不犯顏強諫，他認爲這往往是臣子「激君以自高，謗君以自潔，諫以爲身而不爲君也」⓪。董鼎當然並不反對臣相有諫諍的責任，而且特別強調三諫不從則去的原則。他認爲《孝經》的「進思盡忠，退思補過。將順其美，臣救其惡」談的是君臣「相親猶一體」的親密關係⓪。所以諫君之

⓪　頁 229。
⓪　頁 263。
⓪　頁 266。
⓪　頁 273。
⓪　頁 274。
⓪　頁 274。

過要和諫父之過一樣，應該要出於愛敬之心，要用幾諫的態度，要有防微杜漸的心。這種詮釋也是出於理學的思想。或許如《四庫提要》所言，董鼎對朱熹太崇拜了，《孝經大義》中每次提到文公都跳行示敬，但是他的注釋確實很符合朱熹的思想，彌補了一些朱熹未竟的志業，而且在諸家注《孝經》之中，也獨具理學的風格，很值得我們注意。

較定今文孝經

吳澄之《較定今文孝經》是以今文本《孝經》為底本，和朱熹之刊誤本相校而得出來的校本。他主張今文本為真，認為古文本是偽作，可是「又觀朱子所論，則雖今文本亦不無可疑者」❼⑥。所以他的校定本和他的調合朱陸學說的思想一樣，是一種調合今文本與古文本的版本。他說：「疑其可疑，信其所可信。去其所當去，存其所當存。朱子意也。故今特因朱子刊誤，以今文古文校其同異，定本。」❼⑦然而吳澄仍舊比較尊敬朱熹，使用刊誤本分章節的架構來校對，分《孝經》為經一章，傳十二章，雖然更動了刊誤本的章節次序，基本上仍然維持刊誤本的原貌。吳澄這個版本的另一個特色是，他將所刪掉的字附在《孝經》本文之

---

❼⑥　《吳文正公較定今文孝經》（臺北：臺灣商務印書館《孝經大全》本），〈吳文正公孝經考〉，頁 318。〈孝經考〉即吳澄之〈孝經敘錄〉，收入《吳文正集》，卷 1，頁 18 上-20 下。

❼⑦　同上註。

末，並且逐段解釋他校定的理由。《孝經大全》翻刻元刊本，書名做《較定今文孝經》，應該是書的原名，然而不知何時改稱為《孝經定本》？吳澄的《孝經定本》似乎沒有董鼎的「定本」流行得那麼廣。或許這和他意圖調合今文本與古文本的差異，又不完全遵從朱熹的刊誤本有關，於是成為一時之作。

吳澄和朱熹對於《孝經》章節的排序，各有其構想，我們很難評估何者比較合理。朱熹的排法是順著經文所論及孝之各個層面，將傳文的部分加以排比，所以傳文首章論至德，第二章論要道，然後再及天子之孝、諸侯之孝等。吳澄的排法是先列論天子之孝、諸侯之孝等章節，再涉及論至德、要道等章節。這兩種排序法各有其內在的連貫性，我們也不必去分高下。何況《孝經》的傳文原本就不圓滿，即使朱熹的分章法也有不能銜接之處。兩者分章的差別是吳澄刪掉刊誤本的第十二章，而將刊誤本的第七、八章合為一章，總共分為十二章。其實後者也是用朱熹的意見，所以吳澄自己獨特的見解並不多。

吳澄的定本和朱熹的刊誤本最大的差異，在於吳澄刪掉〈閨門章〉二十四字。這點他是接受了邢昺和司馬貞的看法。在〈孝經考〉他引邢昺（932-1010）的話，說此章是劉炫所偽作❼❽。吳澄應該是受了朱熹的影響，認為《孝經》「眞偽混淆，殆難盡信」。他的看法是：「夫子遺言惟《大學》、《論語》、《中

---

❼❽　《較定今文孝經》，《孝經大全》本，頁 313。

庸》、《孟子》所述醇而不雜。此外傳記諸書所載，眞僞混淆，殆難盡信。《孝經》亦其一也。」⑲而且他認爲古文本《孝經》在魏、晉之後就亡佚了，「世所通行，惟今文《孝經》十八章而已。隋時有稱得古文《孝經》者，其間與今文增減異同，率不過一二字，而文勢曾不若今文之從順。以許愼（30-124）《說文》所引及桓譚（前 24-56）《新論》所言考證，又皆不合。決非漢世孔壁中之古文也」⑳。所以吳澄質疑朱熹何以遵信古文《孝經》，說：「宋大儒司馬公〔司馬光〕酷尊之，朱子刊誤亦據古文。未能識其何意。今觀邢氏疏說，則古文之爲僞審矣。」㉑因此他用今文本來校正刊誤本的誤失。表面上吳澄似乎是在批評朱熹，但是他的用意是使朱熹的刊誤本更完美。他的注解也是依據朱熹的理學思想去發揮，可是和董鼎的注相較之下，另有其特色。

根據吳澄的弟子張恒所撰的記，《較定今文孝經》刊於大德7 年（1303）。此書是吳澄「往年以訓稚子，不欲傳之，故未嘗示人也。恒再三請，乃許」㉒。可見吳澄並不重視此書。雖然注解是爲幼童啓蒙而作的，吳澄在注裏對周朝禮制的論述卻很詳細。而且當他論及「卜其宅兆而安厝之」時，引《葬書》的話，

---

⑲　同上註，頁 315。

⑳　同上註，頁 316-317。

㉑　同上註，頁 318。

㉒　同上註，頁 379。

大談風水。吳澄撰有《刪定葬書》，後來成為儒家論風水的主要
參考典籍。孝子不能不懂風水，這是自宋代以來儒家的傳統。朱
熹也很重視風水。《正統道藏》有《儒門崇理折衷堪輿完孝
錄》。此書收錄了許多理學家，包括程頤（1033-1107）、朱熹
等人論風水的言論。吳澄在《完孝錄》中也占有很重要的地位。
在《較定今文孝經》中，我們很清楚的看出吳澄對祭祀之禮儀及
風水的偏好。吳澄說：「苟非其地，尸柩之朽腐敗壞至速，與舉
而委之于壑同，孝子之心忍乎？」❽因此孝子必須很謹慎的為父
母卜葬。

　　和董鼎一樣，吳澄以理學的觀念來詮釋仁與孝的關係。他
說：「仁之發為愛，而愛先于親。故孝為德之至，道之要也。」❽
注釋「天地之性人為貴，人之行莫大於孝」這兩句時，他說：
「性之仁義禮智統于仁，仁之為愛先于親，故人率性而行，其行
莫大于孝也。」❽這是以仁與愛來解釋何以孝是先王的至德要
道。

　　對於《孝經》所談及的忠順的問題，吳澄的注是：「愛君為
忠，敬長為順。忠謂盡心無隱，順謂循理無違。」❽吳澄似乎有
意抬高君權的地位，因為他比較強調用愛去尊敬君主。他說：

---

❽　　同上註，頁 364。

❽　　同上註，頁 322。

❽　　同上註，頁 342。

❽　　同上註，頁 330

「君則非如父與母之親也，然亦當以愛父愛母之孝而愛之。君至尊也，故敬同于父。」❽另外對於「父子之道天性也，君臣之義也」，他的注解是說：「父慈子孝，乃天性之本然。父尊子卑，又有君臣之義，亦天分之自然也。」❽由於他認為君臣的關係是「天分之自然」，所以對於諫君之過，吳澄的注不提三諫不聽而去的基本原則。在這點上，吳澄和朱熹主張君臣以義合的看法不同。

不過吳澄刪掉刊誤本之〈閨門章〉，可以說是他獨到之見。此章曰：「嚴父嚴兄，妻子臣妾猶百姓徒役也。」這簡直是把妻子當作徒役來使喚，所以吳澄的注說：「此章淺陋，不惟不類聖言，亦不類漢儒語。是後儒偽作明甚，而朱子不致疑者，蓋因溫公信之而未暇深考耳。」❽董鼎不但不認為將自己的妻子兒女視為百姓徒役有鄙視妻子的嫌疑，反而贊成這是治家的嚴法。《孝經大義》說：「蓋閨門之內，恩常掩義。至于治國之道，則以義而斷恩。傳者之意，恐其閨門之內狎恩恃愛，易以流于親愛昵比之私。故謂雖處閨門之內，一國之理實具焉。」❾這顯然是把婦女及兒童當作小人來對待。吳澄的見解不但比較高明，也符合《孝經》重視親情的本意。吳澄另一項值得提出的見解，是對「退思補過」的解釋。一般的注解都是說臣子退朝之後，要想君

---

❽　同上註。

❽　同上註，頁 351。

❽　同上註，頁 371。

❾　《孝經大義》，頁 280。

主有無其他的過失，以便將來再進言。吳澄說：「補過謂自補其過，非謂補君之過。」❾這個說法比董鼎所說的：「及其既退，君有闕失，則思補塞其過，進則復言。」❾更能表現出儒家重視反求諸己的修養觀。臣子不能一天到晚都在想君主有什麼過錯。有時候再忠心的臣子也會做錯，所以吳澄在此的看法，有其獨到之處。

結　語

《三字經》❾有「《孝經》通，《四書》熟，如六經，始可讀」這幾句話。至少我們可以由此推測，《孝經》在南宋末年起已經是很普遍的啓蒙書了。朱熹的一貫教育課程以《小學》爲基礎。《小學》卷二引《孝經》文字十一段。《小學》在元代很受到重視，所以《孝經》也因此更加被推崇，正式成爲孩童最早的課本。朱子的門人對《孝經》也極重視。黃榦爲之做注解❾，程端蒙將《孝經》列入學童的課程中。當程朱學派的教育理念及課程在元代被官方認可及實施的時候，《孝經》的流行可以說到了有史以來最廣泛的地步。

由於《孝經》文字簡短，不到二千字，所以可以用口授的方

---

❾　《較定今文孝經》，頁 357。

❾　《孝經大義》，頁 273。

❾　相傳爲南宋王應麟所編著。

❾　黃榦撰《孝經說》及《古文孝經解》一卷。

式，教三、四歲的兒童背誦。陳櫟（1252-1334）三歲時，他的祖母就口授《孝經》給他❾❺。而且是在讀《論語》之前，就先讀《孝經》。《元史》中有很多條類似的記載。歐陽玄小的時候，他母親親授「《孝經》、《論語》、《小學》諸書，八歲能成誦。始從鄉先生張貫之學」❾❻。王思誠也是七歲「從師授《孝經》、《論語》」❾❼。許謙（1270-1337）的母親從小教他《孝經》及《論語》❾❽。《孝經》如此普及，反映了理學教育的成功，也和朝廷刻意推倡《孝經》有關。

元世祖忽必烈推崇儒學最力，同時建立了元代帝王提倡《孝經》的先例。世祖在未征服宋朝時，就有意儒學，曾聘請王鶚。「甲辰冬，世祖在藩邸，訪求遺逸之士，遣使聘鶚。及至，使者數輩迎勞，召對。進講《孝經》、《書》、《易》，及齊家治國之道、古今事物之變，每夜分，乃罷。世祖曰：『我雖未能即行汝言，安知異日不能行之耶！』」❾❾後來至元二十四年（1287）立國子學，課程包括《孝經》，而且是先讀《孝經》，再及《小學》和《四書》。「至元二十四年（1287），立國子學，而定其制。設博士，通掌學事，分教三齋生員，講授經旨，是正音訓，

---

❾❺　《元史》，卷 189。

❾❻　《元史》，卷 182。

❾❼　《元史》，卷 183。

❾❽　《元史》，卷 189。

❾❾　《元史》，卷 160。

上嚴教導之術，下考肄習之業。復設助教，同掌學事，而專守一齋；正、錄，申明規矩，督習課業。凡讀書必先《孝經》、《小學》、《論語》、《孟子》、《大學》、《中庸》，次及《詩》、《書》、《禮記》、《周禮》、《春秋》、《易》。」⑩武宗循西漢以始祖配天的先例，下詔於至大 3 年（1310）冬至於南郊祭天，以元世祖配祀。其他如英宗請趙孟頫書《孝經圖卷》，都有助於民間對《孝經》的推崇。

因為《孝經》講孝心可以感動天地，「通於神明」，民間很容易賦予《孝經》宗教的意味，把它當做善書來實踐。明代成形的二十四孝的故事即是結合儒家的孝道及民間的宗教情緒之產物。這些孝行的故事流傳的歷史很長，有的故事可以追溯到漢代劉向（前 77-前 6）的《孝子傳》。但是把《孝經》當做善書來崇拜，或許是從元代才開始的。《元史》的〈孝友傳〉有一則如此的故事：「又有尹夢龍，中興人。母喪，負土為墳，結廬居其側。手書《孝經》千餘卷，散鄉人讀之。有烏集其樹。」⑩抄寫善書或印製善書來散發是一種功德，也是促使善書流行的主要原因。手書《孝經》成為一種足以感應天地的孝行，說明了《孝經》在民間的地位已經和《太上感應篇》等善書同樣高了。

《孝經》在元代的流傳，上有帝王之提倡，下有理學家的支

---

⑩　《元史》，卷 81。

⑩　《元史》，卷 197。

持，將《孝經》列入啓蒙的基本課程中，並且爲之做注解，使《孝經》合乎理學的思想，納入理學的典籍之中。因此在《孝經》的發展史上，元代是一個很重要的時期，因爲《孝經》在這期間被「理學化」（或是說被哲學化），被普及化。先前司馬光及范祖禹的《孝經指解》對《孝經》的義理有所發揮，可是經過董鼎及吳澄用程、朱的理學思想來解《孝經》之後，明代就有許多學者以性理或是心性的角度來詮釋《孝經》。將《孝經》提昇爲具有哲理思想的典籍，我想應歸於元代儒學的貢獻。

《孝經》的中心思想是把孝建立在父母與子女之間的親情之愛上面。由此我們可以看到，孝道是立基於父慈子孝的相互關係上，而不是父母單方面加諸子女的責任或是義務。理學家像董鼎則進一步解釋說：「愛者仁之端也。」因此孝是出於天性之自然。但是《孝經》也有過於膨漲父權、太提高君權的思想，和理學相牴觸。朱熹所編的《小學》卷二有一節專論父子之親，收入許多論孝的文字，大多是和如何在日常生活中實踐孝道有關，也收入《孝經》的經文一章及傳文四條。但是《小學》沒有採取「孝莫大于嚴父」這種主張父權至上的話。雖然《小學》收了「以孝事君則忠」以及「君親臨之」的話，但是並沒有收以孝治天下或是強調愛君的話⓲。我想這主要是因爲朱熹不贊成泛孝主

⓲　例如：「君子事上，進思盡忠，退思補過，將順其美，匡救其惡，故上下能相親。」

義或是絕對君權的主張。從董鼎及吳澄對《孝經》的注解，我們
可以看出吳澄比較祖護君權的地位，但是他們都從朱熹的思想來
詮釋《孝經》的思想，所以都強調仁比孝更重要，更基本，都注
重諫諍是臣子的責任。元代的理學家雖然仍舊接受孝是「天之
經，地之義，民之行」的看法，但是並不主張以《孝經》作爲治
國的藍圖。用來做爲經世的指導原則的典籍，元朝的帝王採取眞
德秀的《大學衍義》。《孝經》雖然具有儒家經典的地位，可是
除了被用來做爲啓蒙之教材，很難發揮更深遠的影響。

附錄　元代孝經注釋書目

現存之孝經注釋

1. 吳澄（1249-1333）：《孝經定本》，一卷。

　　《文淵閣四庫全書》本。

　　《今古文孝經彙刻》本。

　　《通志堂經解》本（粵東書局，1872 年）。

　　朱軾學，清康熙間版本。

　　《吳文正公較定今文孝經》，《孝經大全》本（江元祚訂，

　　《孔子文化大全》本，據崇禎 6 年（1633）年影印，濟南：山

　　東友誼書社，1991 年）。

　　《朱文端公藏書》本（有朱軾按語）。

　　《孝經彙輯》本。

　　明刊本（且《標注四庫簡目》）。

2. 董鼎註：《朱文公刊誤古文孝經》，一卷。

　　《孝經大義》，一卷。

　　《文淵閣四庫全書》本。

　　日本正保 4 年（1647 年）刊本。

　　《通志堂經解》本。

　　《今古文孝經彙刻》本。

　　《孝經彙輯》本（萬曆年間刊）。

《明寫孝經總函》本。

《孝經大全》本。

《日本東京大學藏鈔》本（據元大德 9 年序刊本）。

日本寬永 5 年（1708 年）刊本。

朝鮮舊刊本。

朝鮮春坊刊本。

3.貫雲石（1285-1324）：《孝經直解》，一卷。

《新刊全相成齋孝經直解》，一卷（北平：來薰閣書店，1938
年）。

劉堅主編，宋紹年校錄，〈孝經直解〉（《近代漢語語法資料
彙編（元代明代卷）》，北京：商務印書館，1995 年 1 月）。

已佚孝經之注釋

白賁：《孝經傳》。

江直方：《孝經外傳》，二十二卷。

余芑舒：《孝經刊誤》，一卷。

佚名：《成齋孝經說》，一卷。

佚名：《孝經明解》，一卷。

佚名：《孝經集說》，一卷。

吳迁：《孝經附錄》，一卷。

李孝光：《孝經義疏》，一卷，圖一卷。

沈易：《孝經旁訓》，一卷。

姜氏：《孝經說》，一卷。

張盥：《孝經口義》，一卷。

許衍：《孝經注》，一卷。

許衡：《孝經直說》，一卷。

釣滄子：《孝經管見》，一卷。

陳樵：《孝經新說》。

程焞道：《孝經衍義》。

楊少愚：《讀孝經衍義》（或作《續孝經衍義》）。

錢天祐：《孝經直解》（或作《孝經經傳直解》）。

林起宗：《孝經圖解》。

王勉：《孝經》。

中文研究書目

一、古籍

許衡：《魯齋遺書》，十四卷，北京圖書館《古籍珍本叢刊》，
　　　據明萬曆 24 年怡愉江學詩刻本影印，北京：書目文獻出版
　　　社，1988 年。

趙南星：《孝經訂註》，一卷，清光緒間高邑趙氏修補重刊本，
　　　《趙忠毅公全集》本。

劉炫：《孝經述義》，一卷，序錄一卷，《叢書集成》本，臺
　　　北：藝文印書館，1970 年。

丁晏輯：《孝經述注》，一卷，《續修四庫全書》本，據上海辭

書出版社圖書館藏清咸豐刻本影印，上海：上海古籍出版
社，1995 年。

孔安國：《古文孝經》，一卷，《知不足齋叢書》本，據民國
10 年(1921)上海古書流通處影印本影印，臺北：興中書局，
1964 年；《叢書集成》本，據《知不足齋叢書》本排印，
北京：中華書局，1991 年。

毛奇齡：《孝經問》，一卷，《文淵閣四庫全書》本，臺北：臺
灣商務印書館，1983 年。

王梓材：《宋元學案補遺》，一百卷，卷首一卷，別附三卷，序
錄一卷，《四明叢書》本，臺北：國防研究院，中華大典編
印會，1966 年；《中國學術名著》本，臺北：世界書局，
1962 年。

王肅：《孝經王氏解》，一卷，清同治辛未（10）年（1871）濟
南皇華館書局補刻本，《玉函山房輯佚書》本，1871 年。

后蒼：《孝經后氏說》，一卷，濟南皇華館書局補刻本，《玉函
山房輯佚書》本。

朱申：《孝經句解》，一卷，《通志堂經解》本，據清同治 12
年粵東書局刊清康熙 19 年刻本排印，臺北：大通書局，
1969 年。

朱申：《晦庵先生所定古文孝經句解》，一卷，《四庫全書存目
叢書》本，臺南：莊嚴文化事業公司，1997 年。

朱熹：《小學集注》，《四部備要》本，據通行本校刊，臺北：

臺灣中華書局，1981 年。

朱熹：《孝經刊誤》，一卷，《叢書集成》本，北京：中華書局，1991 年。

江元祚：《孝經大全》，《孔子文化大全》本，據崇禎 6 年（1633）本影印，濟南：山東友誼書社，1991 年。

吳澄：《孝經》，一卷，朱軾學，清康熙間版本，本衙藏板。

吳澄：《孝經》，一卷，粵東書局刊本，《通志堂經解》本，1872 年。

吳澄：《孝經定本》，一卷，《文淵閣四庫全書》本，臺北：臺灣商務印書館，1983 年。

呂維祺（1587-1641）：《孝經大全》，二十八卷，首一卷，或問三卷，《續修四庫全書》本，據天津圖書館藏清康熙 2 年呂兆璜等刻本影印，上海：上海古籍出版社，1995 年。

呂維祺：《孝經本義》，《叢書集成》本，上海：商務印書館，1939 年；《叢書集成》本，據《經苑》本排印，北京：中華書局，1985 年。

呂維祺：《孝經或問》，三卷，《經苑》本，據清道光咸豐間大梁書院刊同治 7 年（1868）王儒行等印本影印，臺北：大通書局，1970 年；《叢書集成》本，據《經苑》本排印，臺北：新文豐出版公司，1985 年；北京：中華書局，1991 年。

宋均：《孝經內事》，一卷，《漢魏遺書鈔》本。

宋均：《孝經內事》，一卷，鄭作梅校，《叢書集成》本，臺北：藝文印書館，1970 年。

宋均注：《孝經中契》，一卷，清同治辛未（10）年（1871）濟南皇華館書局補刻本，《玉函山房輯佚書》本；清光緒己丑年（1889）文選樓刊本，《益雅堂叢書》本；民國 11 年上海博古齋影印本，據清道光 24 年（1844）金山錢氏本影印。

宋均注：《孝經內事》，金溪王氏刊本，臺北：藝文印書館，1971 年。

宋均注：《孝經內事圖》，一卷，清同治辛未（10）年（1871）濟南皇華館書局補刻本，《玉函山房輯佚書》本；民國 11 年（1922）上海博古齋景印本，據道光 24 年（1844）金山錢氏本影印；清光緒己丑年（1889）文選樓刊本，《益雅堂叢書》本；《玉函山房輯佚書》本，據光緒壬辰年湖南思賢書局本影印。

宋均注：《孝經雌雄圖》，一卷，《叢書集成》本，據《益雅堂叢書》影印，臺北：新文豐出版公司，1989 年。

宋濂：《元史》，《四部備要》本，臺北：臺灣中華書局，1981 年。

李光地：《孝經全註》，一卷，清道光 9 年（1829）李維迪刊本，《榕村全書》本；《榕村全集》本，嘉慶辛酉年重梓本衙藏版，出版地不詳，大西洋圖書公司，出版年不詳。

阮元（1764-1849）：《孝經校勘記》，三卷，釋文校勘記一卷，據清咸豐 11 年（1861）年補刊道光 9 年（1829）刊本影印，臺北：藝文印書館，1959 年；據清咸豐 11 年（1861）年補刊道光 9 年（1829）刊本影印，臺北：復興書局，1972 年；漢京文化事業有限公司，1980 年。

長孫：《孝經長孫說》，一卷，《玉函山房輯佚書》本，據清同治辛未（10）年（1871）年濟南皇華館書局補刻本。

姚舜牧：《孝經疑問》，北京：中華書局，1991 年；《四庫全書存目叢書》本，臺南：莊嚴文化事業公司，1997 年。

皇侃：《孝經皇氏義疏》，一卷，濟南皇華館書局補刻本，《玉函山房輯佚書》本，1871 年。

胡時化：《孝經贊義》，一卷，《續修四庫全書》本，據北京圖書館藏明刻本影印，上海：上海古籍出版社，1995 年。

韋昭：《孝經解讀》，一卷，《玉函山房輯佚書》本，清同治辛未（10）年（1871）濟南皇華館書局補刻本。

唐玄宗（685-762）：《孝經注疏》，九卷，宋邢昺疏，唐陸德明音義，《文淵閣四庫全書》本，據國立故宮博物院藏本影印本，臺北：臺灣商務印書館，1983 年；《四部備要》本，據阮刻本校刊，臺北：臺灣中華書局，1981 年。

唐玄宗注，司馬光指解，范祖禹說：《孝經指解》，一卷，《文淵閣四庫全書》本，臺北：臺灣商務印書館，1983 年。

徐景賢：《孝經之研究》，三卷，民國 20 年排印本，1931 年。

殷仲文：《孝經殷氏注》，一卷，濟南皇華館書局補刻本，《玉
　　函山房輯佚書》本，1871 年。

張伯行：《子學集解》，《叢書集成》本，據《正誼堂叢書》本
　　排印，北京：中華書局，1985 年。

張禹：《孝經安昌侯說》，一卷，濟南皇華館書局補刻本，《玉
　　函山房輯佚書》本，1871 年。

梁武帝：《孝經義疏》，一卷，濟南皇華館書局補刻本，《玉函
　　山房輯佚書》本，1871 年。

許衡：《魯齋全書》，七卷，《和刊本漢籍文集》本，東京：汲
　　古書店，1978 年。

貫雲石：《新刊全相成齋孝經直解》，一卷，北平：來薰閣書
　　店，1938 年。

貫雲石撰，劉堅主編，宋紹年校錄：〈孝經直解〉，《近代漢語
　　語法資料彙編（元代明代卷）》，北京：商務印書館，1995
　　年 1 月，頁 91-98。

項霖：《孝經述註》，一卷，《文淵閣四庫全書》本，臺北：臺
　　灣商務印書館，1983 年。

黃道周：《孝經集傳》，四卷，《文淵閣四庫全書》本，臺北：
　　臺灣商務印書，1983 年。

黃道周：《孝經贊義》，一卷，《續修四庫全書》本，據北京圖
　　書館藏清勞氏丹鉛精舍抄本影印，上海：上海古籍出版社，
　　1995 年。

黃道周：《孝經辯義》，一卷，清同治年間刊本，《潬勤室著
　　述》本。

黃道周書：《黃石齋先生夫妻手書孝經》，二卷，民國間影印
　　本。

楊起元：《孝經引證》，《百部叢書集成》本，據中央圖書館藏
　　明萬曆中繡水沈氏尚白原齋刻本影印，臺北：藝文印書館，
　　1965 年；《叢書集成》本，據《寶顏堂秘笈》本排印，北
　　京：中華書局，1991 年。

葉方藹、張英、韓菼等奉敕編：《御定孝經衍義》，一百卷，
　　《文淵閣四庫全書》本，臺北：臺灣商務印書館，1983
　　年。

董鼎：《孝經大義》，一卷，《文淵閣四庫全書》本，臺北：臺
　　灣商務印書館，1983 年。

虞淳熙：《虞子集靈節略》，又名《孝經集靈》，一卷，《學海
　　類編》本，上海：涵芬樓，1920 年；《中國子學名著集
　　成》本，選清道光六安晁氏刊《學海類編》本，臺北：中國
　　子學名著集成編印基金會，1978 年；《百部叢書集成》
　　本，據中央圖書館藏明萬曆中繡水沈氏尚白原齋刻本影印，
　　臺北：藝文印書館，1965 年；《四庫全書存目叢書》本，
　　據江西省圖書館藏涵芬樓影印清道光 11 年（1831）六安晁
　　氏木活字《學海類編》本影印，臺南：莊嚴文化事業公司，
　　1995 年。

廖平：《孝經學凡例》，一卷，民國 3 年四川存古書局刊本，
　　《六譯館叢書》本，1914 年。

劉瓛：《孝經劉氏說》，一卷，濟南皇華館書局補刻本，《玉函
　　山房輯佚書》本，1871 年。

歐陽玄：《圭齋集》，《四部叢刊》本，臺北：臺灣商務印書
　　館，1979 年。

魏文侯：《孝經傳》，一卷，序錄一卷，據《玉函山房輯佚書》
　　本，《叢書集成》本，臺北：藝文印書館，1970 年。

魏眞己：《孝經訓注》，一卷，清同治辛未（10）年（1871）濟
　　南皇華館書局補刻本，《玉函山房輯佚書》本，1871 年。

羅汝芳：《孝經宗旨》，一卷，臺北：新文豐出版公司，1985
　　年；北京：中華書局，1985 年；臺南：莊嚴文化事業公
　　司，1997 年。

嚴植之：《孝經嚴氏注》，一卷，濟南皇華館書局補刻本，《玉
　　函山房輯佚書》本，1871 年。

二、研究書目

丁崑健：〈元世祖時代的儒學〉，《華學月刊》，第 136 期，
　　1983 年 4 月，頁 48-59；第 137 期，1983 年 5 月，頁 39-
　　55。

史次耘：《孝經述義》，臺北：臺灣商務印書館，1983 年。

伏俊達：〈《孝經》的作者及其成書時代〉，《孔子研究》，
　　1994 年第 2 期，總第 34 期，1994 年 6 月，頁 48-53。

佐藤廣治，江俠菴譯：〈孝經考〉，《先秦經籍考》中冊，上海：商務印書館，1933 年 10 月，頁 133-161。

吳哲夫：〈中日孝經書緣〉，《故宮文物月刊》，第 6 卷第 9 期，1988 年 12 月，頁 66-75。

狄百瑞，施寄錦譯：〈元代新儒家正統思想的興起〉，《思與言》，第 21 卷第 1 期，1983 年 5 月，頁 43-57；第 21 卷第 2 期，1983 年 7 月，頁 113-126；第 21 卷第 3 期，1983 年 9 月，頁 59-79。

狄百瑞撰，山明抄譯：〈元代に道學の興隆〉，《東洋史研究》，第 38 卷第 3 號，1979 年 12 月，頁 52-105。

姚從吾：〈元世祖崇行孔學的成功與所遭遇的困難〉，《孔孟學報》，第 16 期，1968 年 9 月，頁 27-37。

姚景安：〈忽必烈與儒臣和儒學〉，《中國史研究》，1990 年第 1 期，總第 45 期，1990 年 2 月，頁 31-39。

段文明：〈忽必烈與儒士〉，《晉陽學刊》，1990 年第 3 期，總第 60 期，1990 年 5 月，頁 104-108。

唐宇元：〈元代的朱陸合流與元代的理學〉，《文史哲》，1982 年第 3 期，總第 150 期，1982 年 5 月，頁 3-12。

孫克寬：《元代漢文化之活動》，臺北：臺灣中華書局，1969 年 9 月。

孫克寬：〈元代北方之儒〉，《孔孟學報》，第 8 期，1964 年 9 月，頁 125-144。

孫克寬：〈元代南方之儒試論〉，《孔孟月刊》，第 4 卷第 12
　　期，1966 年 8 月，頁 11-16。

徐玉梅：《元人疑經改經考》，東吳大學中國文學研究所碩士論
　　文，1988 年 5 月。

烏蘭察夫，段文明：〈理學在元代的傳播與發展〉，《內蒙古社
　　會科學》（文史哲版），1991 年第 2 期，總第 66 期，1991
　　年 3 月，頁 12-19。

烏蘭察夫，段文明：〈關於儒家在元代歷史地位的探討〉，《內
　　蒙古社會科學》（文史哲版），1990 年第 2 期，總第 60
　　期，1990 年 3 月，頁 26-34。

張廣愛：〈論元朝對儒學的崇尚〉，《文史知識》，1993 年第 7
　　期，總第 145 期，1993 年 7 月，頁 122-124。

陳榮捷，萬先法譯：〈元代之朱子學〉，《朱學論集》，臺北：
　　臺灣學生書局，1988 年 4 月，頁 299-329。

陳鐵凡：《孝經學源流》，臺北：國立編譯館，1986 年。

陳鐵凡：〈宋元明孝經學〉，《孝經學源流》，臺北：國立編譯
　　館，1986 年 7 月，頁 201-242。

傅隸樸：〈由「趙孟頫孝經圖卷」兼論《孝經》問題〉，《政論
　　周刊》，第 92 期，1956 年 10 月，頁 18-20；《學園》，第
　　8 卷第 10 期，1973 年 8 月，頁 18-19。

黃子發：《相雨書》，臺北：新文豐出版公司，1985 年。

黃中業：〈《孝經》的作者、成書年代及其流傳〉，《史學集

刊》，1992 年第 3 期，總第 48 期，1992 年 8 月，頁 7-12。

楊鴻銘：《孝經之文學》，臺北：文史哲出版社，1984 年。

趙孟頫：《趙孟頫孝經圖卷》，臺北：中華叢書委員會，1956 年。

蔡信發：〈元代的經學〉，《孔孟月刊》，第 27 卷第 7 期，1989 年 3 月，頁 12-18。

饒尚寬：〈試論貫雲石《孝經直解》的語言及其價值〉，《新疆師範大學學報（社科版）》，1986 年第 2 期，總第 13 期，1986 年，頁 91-98。

日文研究書目

三井宇一郎：《孝經の研究》，東京文理科大學漢文學科卒業論文，1934 年。

山川英彥：〈孝經直解語法札記〉，《神戶外大論叢》，第 32 卷第 3 號，1981 年 10 月，頁 1-13；

吉川幸次郎：〈貫酸齋「孝經直解」の前後——金元明の口語の經解について〉，《吉川幸次郎全集》，第 15 卷，東京：筑摩書房，1969 年 11 月，頁 319-332。

佐佐伊佐美：〈孝經の出版について〉，《圖書館學會年報》，第 7 卷第 1 號，1966 年，頁 59-73；第 6 期第 1 分冊，頁 70-80。

佐野公治：《四書學史の研究》，東京：創文社，1988 年 2
　　月。

狄百瑞撰，岡田武彥、吉田利合譯：〈元代の朱子學の文教政
　　策〉，《中國哲學論集》，第 5 號，1979 年 10 月，頁 63-
　　72。

林秀一：《孝經》，東京：明德出版社，1979 年。

林秀一：《孝經述議復原に關する研究》，東京都：林先生學位
　　論文出版記念會，文求堂，1953 年。

林秀一：〈孝經孔傳の成立就いて〉，《孝經學論考》，岡山：
　　第六高等學校中國文化研究室，1949 年 3 月，頁 1-18。

林秀一：〈孝經刊誤の成立就いて〉，《孝經學論集》，東京：
　　明治學院，1976 年 11 月，頁 336-345。

林秀一：〈孝經直解む繞る問題——主として卷數作者に就い
　　て〉，《孝經學論考》，岡山：第六高等學校中國文化研究
　　室，1949 年 3 月，頁 37-50。

林秀一：〈林羅山述「古文孝經諺解」就いて〉，《孝經學論
　　集》，東京：明治學院，1976 年 11 月，頁 395-408。

林秀一：〈御讀書始御儀就いて〉，《孝經學論考》，岡山：第
　　六高等學校中國文化研究室，1949 年 3 月，頁 127-158。

林秀一，長澤規矩也：〈元刊本成齋孝經直解關する〉，《書誌
　　學》，第 1 卷第 5 號，1933 年 9 月，頁 19-21。

板野長八：〈孝經の成立〉，《史學雜誌》，第 64 編第 3 號，

1955 年 3 月，頁 1-27；第 64 編第 4 號，1955 年 4 月，頁
1-15。

武內義雄：〈孝經の研究〉，《武內義雄全集》，第 2 卷，儒教
篇 1，東京：角川書店，1978 年 6 月，頁 82-129。

秋月胤：《元明時代の儒教》，東京：甲子社，1928 年。

清水悅男：〈孝經の成立について——考察〉，《早稻田大學大
學院文學研究科紀要別冊》，第 13 輯（哲學‧史學編），
1987 年 1 月，頁 31-43。

渡邊信一郎：〈孝經の制作とその背景〉，《史林》，第 69 卷
第 1 號，1986 年 1 月，頁 53-85；《中國關係論說資料》，
第 28 號，第 1 分冊（上），1986 年，頁 365-381。

龜井昭陽（1773-1836），町田三郎解說：《孝經考》，福岡
市：葦書房，1978 年。

英文研究書目

Barnhart, Richard M., Kung-lin Li, Robert E. Harrist, and Hui-liang
Chu. *Li Kung-lin's Classic of filial piety*. New York:
Metropolitan Museum of Art, 1993.

Kutcher, Norman Alan. *Mourning in late imperial China : filial piety
and the state, Cambridge studies in Chinese history, literature,
and institutions*. New York: Cambridge University Press, 1999.

Lee, Tan Long. *The Canon of filial piety*. [Taiwan: Jenn Shin Color,

1977.

Traylor, Kenneth L. *Chinese filial piety*. Bloomington, IN: Eastern
Press, 1988.

從劉三吾《孟子節文》論君權的限制與知識份子之自主性

> 「後世之君欲以如父如君之空名禁人之窺伺者，皆不便於其言。至廢孟子而不立，非導於小儒乎？」
>
> ——黃宗羲：《明夷待訪錄·原君》

　　在中國政治史上，《孟子節文》一書很能夠突顯儒家傳統與君權之間所存在的緊張關係。明太祖命令劉三吾（1313-1399）刪《孟子》中不便於他專制統治之處而作成《孟子節文》。然而明太祖的企圖終究失敗了。《孟子節文》只流傳二十多年。以後的帝王再也沒有做出類似明太祖的大膽行為。我們可以由此看出儒家的經典有相當的神聖性與完整性。而且儒家的傳統也具有相當的力量，足以使君權正當化，更進而牽制君權無限制的擴展。本文想從中國歷史上獨一無二的帝王破壞《孟子》原典之事件來探討君權的限制與知識份子之自主性。

一、明太祖對儒學之提倡

　　明太祖是中國歷史上相當具有傳奇性的帝王。「明祖一人，

聖賢、豪傑、盜賊之性質兼而有之者也。」❶他對儒學有極複雜
之愛恨交集之情結。「明祖初不知書，而好親近儒生，商略今
古。」❷他了解治國必須依靠儒學。可是正如黃宗羲（1610-
1695）所說，他又覺得儒學對他施行的專制政權有不便之處。因
此他的政策一直周旋在提升儒學與打壓儒學之間。儒學傳統與君
主之間的相互依賴性在太祖的身上及其政策上很明白的被彰顯出
來了。儒家的衛道者也必須在這種矛盾的政治風潮中求生存，爭
取對政治的影響，而不被政治所利用。

　　明太祖很了解立國的典章制度必須採取儒家的制度。從馬上
取得天下，不能從馬上治之。所以他起用劉基（1311-1375）、
詹同（約 1350-74）等儒臣來制訂祭祀、朝會、軍禮等制度❸。
這不但一掃元末典章無序之亂象，更立下所謂的「祖宗成法」，
維繫了明朝三百多年之命脈之基礎。丘濬（1421-1495）撰《大
學衍義補》涉及禮儀制度之處多引用「祖宗成法」爲依據。在世
宗朝（1522-1566）時對於「大禮」的爭議中❹，反對皇帝背禮

---

❶　趙翼：《二十二史劄記》（北京：中華書局，1985 年重印《叢書集
　　成》本），卷 36，頁 769，〈明祖以不嗜殺人得天下〉條。

❷　同上，頁 770，〈明祖重儒〉。

❸　「其後定國家禮制，大祀用陶安，合祔用詹同，時享用朱升，釋奠耕
　　籍用錢用壬，五祀用崔亮，朝會用劉基，祝祭用魏觀，軍禮用陶凱。
　　一代典禮皆所裁定。」同上註。

❹　有關世宗朝之「大禮」爭議之政治涵義，請參考黃進興：《優入聖
　　域》（臺北：允晨文化實業股份有限公司，1994 年），頁 133-136。

私己的臣相主要亦是引用「祖宗成法」來抵抗君權的濫用。由此可見太祖制禮的影響及其重要性。

明太祖在洪武 3 年（1370）開始恢復科舉考試，明令「使中外文武，皆由科舉而選，非科舉毋得與官」❺。其後停罷過幾次。及至洪武 16 年（1383）考試制度才成爲定制。儒家之經典與傳統藉著考試制度得到最終、最高的肯定。和科舉制度一體兩面的學校制度也同樣的被朝廷大力及全面的提倡❻。同時明太祖

對於「大禮議」的分析，請參見 Fisher, Carney, *The Chosen One: Succession and Adoption in the Court of Ming Shizong.* Sydney, Boston: Allen & Unwin, 1990.

❺　「（洪武）三年庚戌（1370 年）五月詔曰：朕聞成周之制，取材於貢士，故賢者在職。……漢、唐及宋，科舉取士，各有定制。然但貴詞章之學，而不求六藝之實。至於前元，依古設科，待士甚優，而權貴勢要之家，每納奔競之人，……輒竊仕祿，……賢者恥與並進，甘隱山林而不起，風俗之弊，一至於此。今朕統一中國，外撫四夷，……願得君子而用之。自洪武三年八月爲始，特設科舉，以取懷材抱德之士，務在經明行修，博古通今，……名實相稱。其中選者，將親策於廷，……待以顯擢。使中外文武，皆由科舉而選，非科舉毋得與官。敢有遊食奔競之徒，坐以重罪，以稱朕責實求賢之意，所有合行事宜，條例於後。」引自鄧嗣禹：《中國考試制度史》（臺北：臺灣學生書局），頁 243-244。

❻　洪武 2 年（1369）太祖下詔各府州縣皆設立學校、地方學校，全盛時有一千七百多所。見熊承：《中國古代教育史料繫年》（北京：人民教育出版社，1985 年第一版），頁 639。洪武初年即設國子監，「詔擇府州縣學諸生入國子學」（《明史》卷 69）。成祖永樂元年（1403）又在北京設國子監。因此以後國學有南北兩所。

很注重一般民眾的教育。他在這方面的作爲，尤其是在建立社學
與頒布〈六諭〉、《大誥》對明一代之教育影響很深遠。官辦的
社學起源於元代，是普及教育及將儒學之價值帶入窮鄉僻壤的主
要管道。明太祖於洪武 8 年（1375）下詔天下建立社學。詔文
說：「今京師及郡縣皆有學，而鄉社之民未睹教化，有司其更置
社學，延師儒以教民間子弟，導民善俗稱朕意焉，於是鄉社皆置
學。令民間子弟，兼讀《御製大誥》及本朝律令。」❼以後的朝
廷相繼發展社學的功能❽，使社學成爲明代教育很主要的一環。

　　雖然太祖治國的典章來自儒學之傳統，治國之行政工作必須
藉著儒者，然而對於知識份子他另有一套控制的辦法。他所頒布
的〈臥碑〉對明代士子參與政治的行爲產生了很深遠的禁錮作

---

❼　王圻：《續文獻通考》（北京：現代出版社，1991 年），卷 50，頁
　　3244。洪武八年，太祖下詔天下鄉里皆立設學，「延師儒教子弟，有
　　司以時程督」。見谷應泰編：《明史紀事本末》（北京：中華書局，
　　1985 年重印《叢書集成》本），卷 14。雖然社學的實施情況有待進
　　一步研究，但是它的立學主旨是「收十五歲以下兒童。課程爲四子
　　書，兼讀《御制大誥》及本朝律令，兼講習冠婚喪祭等禮節。請地方
　　儒生爲師」（見王圻：《續文獻通考》，卷47）。以地方教育之普及
　　而論，明代可說遠過元、明兩朝，太祖的貢獻不爲不小。

❽　「二十年，令社學子弟讀誥律者，赴京禮部，較其所誦多寡，次第給
　　賞。英宗正統元年，詔有俊秀向學者許補儒生員。孝宗弘治十七年，
　　令各府州縣訪保明師民間幼童年十五以下者送社讀書，講習冠婚喪祭
　　之禮。法寖廢不行。」見王圻：《續文獻通考》，同上。

用❾。〈臥碑〉基本上剝奪了知識份子批評政府的權利。生員不可以「陳說民情，議論官員賢否」❿。在明初的政治權力爭鬥中，暴發了好幾件獄案，太祖藉著打擊叛逆的藉口，株除異己，並且製造恐怖政治的氣氛，以暴力來束縛知識份子。獄案以胡惟庸（1380 年卒）、藍玉（1393 年卒）二案牽連最廣，有四、五萬人喪生⓫。開國功臣宋濂（1310-1381）也被株及，卒於貶所⓬。太

---

❾ 「（洪武）十五年。頒禁例於天下學校。鐫勒〈臥碑〉，置於明倫堂之左，永爲遵守。」見李東陽簒，申時行重修：《大明會典》（臺北：文海出版社，明萬曆刊本），卷78，頁 1241。

❿ 同上，卷 78，（萬曆 3 年，1575 年）「我聖祖設立〈臥碑〉，天下利病，諸人皆許直言，惟生員不許。今後生員務遵明禁，除本身切己事情許家人抱告有司，從公審問，倘有冤抑即爲昭雪，其事不干己，輒便出入衙門，陳說民情，議論官員賢否者，許該管有司呈提學官以行止有虧革退。」，頁 1247。

⓫ 同註❶，卷 36，「明祖以布衣成帝業，其得力處總在不嗜殺人一語。……其後胡（惟庸）藍（玉）二黨誅戮至四五萬人。則天下已定，故得肆其雄猜。」頁 768-9，「明祖以不嗜殺人得天下」。胡案發生在洪武 13 年（1380），藍案在洪武 23 年（1390）。此外著名的獄案尚有洪武 15 年（1382）的空印案和 18 年（1385）的郭桓案。到底總共有多少位儒生被太祖虐殺則沒有人做過詳細的統計。太祖親定的《逆臣錄》列有文武官員一萬五千人。見毛佩琦，張自成：《中國明代政治史》，頁 31。因此儒者不幸或無辜被波及的人數不會很小，恐怖統治的施行主要是靠不可預期的暴力，使被統治者普遍的感到害怕。明太祖的統治術充分的顯示出恐怖政治的特色。

⓬ 「洪武十三年十二月（1379），宋濂以孫慎坐胡惟庸黨被刑。籍其家，械至京。上怒，欲誅之。皇后陳曰：民間延一師，尚始終不忘恭

祖更直接大興文字獄來使文人屈服於皇權之淫威之下❸。明初知識份子士氣之不振，地位之低落，可說是太祖殘苛之恐怖統治的結果。

文字獄是明太祖以「文字術」統治國家的一環，也是修《孟子節文》的序幕。《孟子節文》必須在明太祖大興文字獄，施行恐怖統治的政治環境下了解才可看出其政治意涵。但是暴政一方面可考驗君子的氣節。在明太祖的高壓、殘暴的統治之下，我們發現有錢唐和王朴（1385 年進士）這類儒臣敢於和皇權對抗。錢唐在洪武 2 年（1369）爭孔子通祀。後來他任明太祖講官時堅持立講。由於他決定以殉身來反對明太祖罷孟子配祀孔廟，他死後獲得配祀孟廟的榮譽。王朴也是一位威武不屈的耿直之臣。他「以直諫忤旨罷。旋起御史，陳時事千餘言。性鯁直，數與帝辨是非，不肯屈。一日，遇事爭之強。帝怒，命戮之」❹。他在死前大呼：「皇帝殺無罪御史朴也！」❺他呼冤的聲音雖然在青史上留下痕跡，但是對暴政的肆虐並無制止的作用。尤其他喊冤的

敬。宋先生親教太子諸王，豈忍殺之。……上意解。濂得發茂州安置。行至夔州，以疾卒。」見谷應泰：《明史紀事本末》卷 13，〈胡藍之獄〉，頁 58-9。陳皇后死後，明太祖失去了唯一可以規勸他行為的人。太祖的政策因此愈加暴虐無度了。

❸　見趙翼：《二十二史劄記》，卷 32，〈明初文字之禍〉。
❹　《明史》（《四部備要》本），卷 137，頁 1 上。
❺　同上，卷 137，頁 1 上。

對象劉三吾竟是爲明太祖殘害經書的「劊子手」，不可能爲他申冤的❻。

劉三吾是茶陵人。他的長兄都在元朝當過小官。他後來避難廣西，做了靜江路儒學提舉的小官。入明之後並未出仕，直到洪武 18 年（1384）茹瑺薦舉他，他以七十三歲高齡之「宿儒」赴召，不久即受到太祖之重視，被任命爲翰林學士。劉三吾頗能發揮其才華，太祖朝「一切禮制及三場取士法多所刊定。三吾博學善屬文，帝製《大誥》及《洪範注》成，皆命爲序。……敕修《省躬錄》、《書傳會選》、《寰宇通志》、《禮制集要》諸書，皆總其事」❼。所以他極受太祖之褒寵，有「三老」之稱。雖然他受到太祖重用只有六年之久，可是他對明之政治及典章制度的建立有相當大的影響❽。

二、《孟子節文》之編撰

明太祖洪武 5 年（1372）罷孟子配祀孔廟是他下令刪《孟子》的序曲。「上讀《孟子》，怪其對君不遜，怒曰：『使此老

---

❻ 「及市，召還，諭之曰：『汝其改乎？』朴對曰：『陛下不以臣爲不肖，擢官御史，奈何摧辱至此！使臣無罪，安得戮之？有罪，又安用生之？臣今日願速死耳。』帝大怒，趣命行刑。過史館，大呼曰：『學士劉三吾志之：某年月日，皇帝殺無罪御史朴也！』竟戮死。帝撰《大誥》，謂朴誹謗，猶列其名。」同上，卷137，頁1上。

❼ 同上，卷137，〈劉三吾傳〉，頁1上-2下。

❽ 他的文集《坦齋先生文集》15卷，補遺1卷，有1873年刊本。

在今日，寧得免耶？」時將丁祭，遂命罷配享。明日司天奏文星暗。上曰：『殆孟子故耶？』命復之。」⑲由於文星⑳的警告，儒臣錢唐的直諫以及知識份子反對的浪潮，明太祖不得不收回成命，說：「孟子闢邪說、辨異端、發明先聖之道，其復之。」㉑但是他要「整頓」孟子的決心並未動搖，終於下令劉三吾刪《孟子》書中不便於他統治的文字，編撰成《孟子節文》。

《孟子節文》成于洪武 27 年十月（1394），和同時完成的《書傳會選》均是劉三吾帶領其他翰林學士，奉明太祖的命令而編纂成的㉒。劉三吾並作「題辭」，刊於《孟子節文》之前。此書刻於南京之國子監㉓，做為科舉考試的範本。《孟子節文》所未收錄的《孟子》之文字，「課試不以命題，科舉不以取

---

⑲　全祖望：《鮚埼亭集》（《四部叢刊》本），〈辨錢尚書爭孟子事〉，卷 35，頁 3 上。

⑳　文星即斗魁之星。《史記・天官書》曰：「斗魁戴匡六星。曰文昌宮。一曰上將。二曰次將。三曰貴相。四曰司命。五曰司中。六曰司祿。」文昌暗表「科場當有事」。見唐・裴庭裕：《東觀奏記》下。轉引自王星琳、徐訇主編：《中國民間信仰風俗辭典》（北京：中國文聯出版公司，1992 年），頁 161。

㉑　谷應泰編：《明史記事本末》，卷 14，頁 76。

㉒　錢宰是否參與《孟子節文》的修撰工作曾經是爭議之點。據萬斯選之考證，錢宰卒於洪武 4 年（1371），不可能參與此事。見全祖望：《鮚埼亭集》，〈辨錢尚書爭孟子事〉，卷 35，頁 3 上下。

㉓　莫伯驥：《五十萬卷樓藏書目錄初編》（臺北：廣文書局，1989 年再版），頁 355。

士」❷。

　　《孟子節文》刪掉了《孟子》書中八十五章和明太祖見解不合的文字，只剩下一七二章❷。以字數而言，揚棄者幾乎占全書的一半。以思想內容而言，孟子思想的精髓被留下來的不多，尤其是孟子的政治主張全都被剔除了。《孟子》一書在飽受蹂躪摧殘之餘，早就失去其思想之主旨，成爲專制政權的祭品了。《孟子節文》所刪除的章數如下：

篇名	《孟子節文》	《孟子集注》	刪除章數
梁惠王	6	23	17
公孫丑	13	23	10
滕文公	8	15	7
離婁	40	61	21
萬章	7	18	11
告子	31	36	5
盡心	67	84	17
總數	172	260	88

---

❷　劉三吾：《孟子節文》（北京：書目文獻出版社，1988 年印行《北京圖書館古籍珍本叢刊》），〈題辭〉。

❷　根據《四書集注》朱子的分章，被刪掉的共有 88 章。關於《孟子》分章的問題尚待進一步考察。趙岐說《孟子》七篇，共有 261 章，比朱熹的《孟子章句》多了 1 章。見《四書集注》，〈孟子序說〉，頁197。

　　《孟子節文》完全是基於政治考慮而纂輯的書。至於它取捨
的標準爲何，劉三吾所撰的〈孟子節文題辭〉大略的提到所去掉
的部份是所謂迂遠、太甚、或是詞氣太過的話。他舉了幾個例子
說明：

> 魏惠王❷⑥……一見孟子即問何以便利其國，非財利之利
> 也。孟子恐利源一開，非但有害仁義，且將有弒奪之禍。
> 仁義正論也。所答非所問矣。是以所如不合。終莫能聽納
> 其說❷⑦。及其欲爲死者雪恥，非兵連禍結不可也。乃謂能
> 行仁政，可使制挺以撻秦、楚之堅甲利兵，則益迂且遠
> 矣❷⑧。臺池鳥獸之樂，引文王靈臺之事，善矣。〈湯誓〉
> 時日害喪之喻，豈不太甚哉❷⑨。雪宮之樂，謂賢者有此

----

❷⑥　即梁惠王。梁惠王爲魏侯罃，故又稱魏惠王。

❷⑦　見《孟子》，〈梁惠王上〉第 1 章。

❷⑧　見《孟子》，〈梁惠王上〉第 5 章。《四書集注》引孔穎達曰：「惠
　　王之志在於報怨，孟子之論在於救民。所謂惟天吏則可以伐之，蓋孟
　　子之本意。」頁 206。孟子施行仁政的出發點是要救民，所以才提出
　　「仁者無敵」的主張。木杖打不過堅甲利兵是顯而易見的事。孟子立
　　論的重點放在「省刑罰，薄稅斂，深耕易耨」之上。劉三吾的諷刺沒
　　有依據。

❷⑨　「臺池鳥獸之樂」，見《孟子》，〈梁惠王上〉第 2 章。朱熹注曰：
　　「桀嘗自言，吾有天下，如天之有日，日亡吾乃亡耳。民怨其虐，故
　　因其自言而目之曰：此日何時亡乎？若亡則我寧與之俱亡。蓋欲其亡
　　之甚也。孟子引此，以明君獨樂而不恤其民，則民怨之而不能保其樂

樂，宜矣。謂人不得即有非議其上之心❸，又豈不太甚哉。其他或將朝而聞命中止❸，或相待如草芥，而見報施以仇讎❸。或以諫大過不聽而易位❸。或以諸侯危社稷，

也。」（《四書集注》，頁 203。）明太祖不喜歡《孟子》中論及紂、桀暴君之處，幾乎都將這類話刪除了。他或許擔心讀者會因此聯想到當前朝廷的情形，所以說孟子的話太過分，應該被刪除。

❸　「雪宮」段見《孟子》，〈梁惠王下〉第 4 章。這裏劉三吾斷章取義，故意扭曲孟子的原意。孟子曰：「人不得則非其上矣。不得而非其上者，非也，爲民上而不與民同樂者，亦非也。」孟子並不同意人民沒有享受到快樂時，就抱怨君主不好。朱熹注曰：「言人君能與民同樂，則人皆有此樂。不然，則下之不得此樂者，必有非其君上之心。明人君當與民同樂，不可使人有不得者，非但當與賢者共之而已也。」引自《四書集注》，頁 216。

❸　見《孟子》，〈公孫丑下〉第 2 章。孟子本來想朝見齊王，可是聽到齊王遣使者來召見他，孟子卻以疾辭。朱子對此章的評語曰：「此章見賓師不以趨走承順爲恭，而以責難除善爲敬。人君不以崇高富貴爲重，而以貴德尊士爲賢，則上下交而德業成矣。」引自《四書集注》，頁 243。孟子在此強調知識份子的尊嚴及自主性，所以此言遭到刪除。

❸　《孟子》，〈離婁下〉第 3 章。「孟子告齊宣王曰：君之視臣如手足，則臣視君如腹心。君之視臣如犬馬，則臣視君如國人。君之視臣如土芥，則臣視君如寇讎。」

❸　見《孟子》，〈萬章篇下〉第 9 章。「齊宣王問卿。孟子曰：王何卿之問也。王曰：卿不同乎？曰：不同。有貴戚之卿，有異姓之卿。王曰：請問貴戚之卿。曰：君有大過則諫，反覆之而不聽，則易位。」朱熹的注曰：「大過謂足以亡其國者。易位，易君之位，更立親戚之賢者。蓋與君有親親之恩，無可去之義。以宗廟爲重，不忍坐視其

則變置其君❸❹。或所就三，所去三，而不輕其去就于時
君❸❺。固其崇高節，抗浮雲之素志，抑斯類也。在當時列
國諸侯可也，若夫天下一君，四海一國，人人同一尊君親
上之心。學者或不得其扶持名教之本意，于所不當言，不
當施者，概以言焉，概以施焉。則學非所學，而用非所用
矣❸❻。

亡，故不得已而至於此也。」引自《四書集注》，頁 324。雖然孟子
或朱熹都沒有說明貴戚之卿使用什麼方式來推選新的君主，但是君主
可「易位」的主張至少已經擺脫了要求對君主個人絕對效忠的專制政
權的限制，有其開明的一面。這點劉三吾不同意。

❸❹ 《孟子》，〈盡心下〉第 14 章。「孟子曰：民爲貴，社稷次之，君
爲輕。是故乎丘民而爲天子，得乎天子爲諸侯，得乎諸侯爲大夫。
諸侯危社稷，則變置。」朱熹注曰：「諸侯無道，將使社稷爲人所
滅，則當更立賢君，是君輕於社稷也。」引自《四書集注》，頁
367。孟子沒有說明以何種方式來取代禍國殃民的昏君，可是他反對
君主世襲制的絕對性是不容置疑的。而這點又恰是明太祖在強化專制
體制時所不可能讓步的。

❸❺ 《孟子》，〈告子下〉第 14 章。孟子曰：「所就三，所去三。迎之
致敬以有禮，言將行其言也，則就之；禮貌未衰，言弗行也，則去
之。其次，雖未行其言也，迎之致敬以有禮，則就之；禮貌衰，則去
之。其下，朝不食，夕不食，飢餓不能出門户。君聞之曰：『吾大者
不能行其道，又不能從其言也，使飢餓於我土地，吾恥之。』周之，
亦可受也，免死而已矣。」

❸❻ 同註❷❹，頁 1 上-3 上。

劉三吾表面上仍舊肯定《孟子》的成就，說「《孟子》七篇，聖賢扶持名教之書」[37]，「《孟子》一書其有關於名教之大，如孔子賢於堯、舜。後人因其推尊堯、舜而益知尊孔子之道[38]。諸侯之禮吾未之學，而知其所學者，周天子盛時之禮，非列國諸侯所僭之禮[39]。皆擴前聖所未發者，其關世教詎小補哉。」[40]但是從他大幅地刪去《孟子》的經文，以恢復孟子「扶持名教之本意」來看，我們可以推測劉三吾其實知道《孟子》有許多話會危害他所謂的「名教」，因此太祖採取禁錮文字的高壓手段，企圖對知識份子施行思想控制。

明太祖對孟子所抱持的態度也是表面上尊敬孟子，肯定孟子的貢獻。實際上他利用孟子來鞏固自己的政權的用心遠遠超過尊敬之情。洪武 5 年（1372）明太祖在罷孟子配祀孔廟之後[41]，又立即撤銷罷祀的命令。他說：「孟子辟邪說、辨異端、發明先聖之道，其復之。」[42]洪武 18 年（1385），他下詔令說：「孟子傳道有功名教，歷年既久，子孫甚微。近有以罪輸作者，豈禮先

---

[37]　同上，頁 1 上。

[38]　《孟子》，〈公孫丑上〉第 2 章。

[39]　《孟子》，〈滕文公上〉第 2 章。

[40]　同註[24]，頁 4 上下。

[41]　據萬斯選的考證，罷孟子配祀事應在洪武 2 年（1369）。見全祖望：《鮚埼亭集》，〈辨錢尚書爭孟子事〉，卷 35，頁 3 上下。

[42]　谷應泰編：《明史紀事本末》，卷 14，頁 76，〈開國規模〉。

賢之意哉。其敕工部詢問，凡聖賢后裔，輸作者皆免之。」❹但是太祖對孟子的尊敬不但是有條件的，也是有限度的。他取消孟子配祀的原因是他讀《孟子》有一天讀到「君之視臣如土芥，則臣視君如寇讎」這段話時❹，他認爲這種話「非臣子所宜言」❹。所以要貶低孟子的地位。《孟子節文》可說是爲了實現明太祖控制言論的要求，而將所有臣子所不宜言的話從《孟子》中一一刪除的作品。因此我們可以由這部書來了解明太祖思想檢查的政策，以及他所推行的專制政權的本質。

三、《孟子節文》内容分析

《孟子節文》所剔除的章節和以下這些觀點或觀念有關：民本思想、仁政、王政、王道、天、公天下、君臣關係、規諫、桀紂等。然而由於在〈題辭〉中劉三吾並沒有很清楚的說明取捨的標準，有些章節到底是觸犯了那條罪名而被刪掉並不明顯。例如〈離婁下〉第三十三章之「齊人有一妻一妾」章爲什麼被刪則難

---

❹　轉引自熊承滌：《中國古代教育史料繫年》，頁659。

❹　《孟子》，〈離婁下〉第3章。

❹　《明史》，卷139，頁1b，〈錢唐傳〉。錢唐爲了此事以死抗爭。「詔有諫者，以大不敬論。唐抗疏入諫，曰：臣爲孟軻死，死有餘榮。時廷臣無不爲唐危。帝鑒誠懇，不之罪。孟子配享亦旋復，然卒命儒臣修《孟子節文》。」明太祖不讓錢唐成爲光榮的殉道者是他高明之處。但是他的統治手段愈來愈暴虐，後來已經不是像錢唐這種的忠臣可以改變或是緩和的。

以理解。此外例如:「萬物皆備於我矣。反身而誠,樂莫大焉。強恕而行,求仁莫近焉。」(〈盡心上〉,第 4 章)「行之而不著焉,習矣而不察焉,終身由之而不知其道者,眾也。」(〈盡心上〉,第 5 章)等都遭刪除。或許它牽涉到劉三吾個人的好惡吧❹。對於這些章節,我們不必強行解釋,勢必找出他們背後所隱含的原因。《孟子節文》是以刪整章為原則,而不更動個別的字句。所以一章中只要有一點觸犯了禁律,整章就被削去。因此我們推敲某章何以被刪時也不能太牽強。從當時興文字獄的恐怖氣氛來看❼,有些章節被刪或許是經文中某個字犯了忌諱。例如:「今之所謂良臣,古之所謂民賊也。」(〈告子下〉,第 9 章)或許是犯了「賊」字的諱而遭殃❽。但是《孟子節文》中也有不避「賊」字諱的例子,如:「所惡執一者,為其賊道也,舉一而廢百也。」(〈盡心上〉,第 26 章)所以此書取捨的原則很難明確的條列出來。這是分析《孟子節文》材料上的限制。

《孟子節文》所收錄的文字幾乎都只是和個人修養、人倫、性善、教育等方面有關,而沒有直接涉及政治問題。若涉及政治問題,《孟子節文》也有意要提升君主的權威,而壓低臣子的地

---

❹ 其他的例子如《孟子》,〈滕文公下〉第 6、7、10 等章被刪的原由都不明顯,我們也不必強作解釋。

❼ 參看羅炳綿:〈明太祖的文字統治術〉,載於吳智和主編:《明史研究論叢》(臺北:大立出版社,1965 年),第 2 輯,頁 1-19。

❽ 除了「賊」字之外,當時避諱的字尚有「光」等字。

位。例如《節文》選「位卑而言高，罪也。立乎人之本朝，而道不行，恥也」❹。這段話的用意或許是要強調臣子的言論不可超越應有的界線。但是我們也不必刻意去求證《節文》中的每個章節是如何符合明太祖統治的利益而被收錄的。總的來說，《孟子節文》的用心與目的是相當明顯的。從被刪掉的章節內容來看，《節文》最大的目的是要否定人民對於政府的重要性，以及削除知識份子在政治上的自主性，以完成專制政權的建立與維持。《孟子節文》的修纂本身就是一種思想壓迫，要通過教育和科舉考試的方式來箝制知識份子的自主性。

㈠民本思想

《孟子》中最觸犯明太祖的思想，我想是孟子的「民為貴」的主張。孟子說「民為貴，社稷次之，君為輕」（〈盡心下〉，第 14 章），而把人民、國家（社稷之象徵）與君主的重要性依照這個順序定位下來，和君主專制的權力結構有根本上不可化解的衝突。所以《孟子》中有關保民、教民、為民父母、與民同樂、仁政的章節全都被剔除。舉例如下：

---

❹ 《孟子》，〈萬章下〉，第 5 章。關於此章，朱熹曰：「已出位為罪，則無行道之責；已慶道為恥，則非竊祿之官。此為貧者之所以必辭尊富而寧處貧賤也。」引自《四書集注》，頁 321。朱熹的解釋是強調士大夫要有氣節，應該守貧居小官，和劉三吾的解釋未必相合。然而我們也只能推測劉三吾的看法而已。

今王發政施仁，使天下仕者皆欲立於王之朝，耕者皆欲耕
於王之野，商賈皆欲藏於王之市，行旅皆欲出於王之塗，
天下之欲疾其君者皆欲赴愬於王。其若是，孰能禦之。
（〈梁惠王上〉，第7章）

仁者無敵。（〈梁惠王上〉，第5章）

不教民而用之，謂之殃民。殃民者，不容於堯、舜之世。
（〈告子下〉，第8章）

人不得則非其上矣。不得而非其上者，非也。爲民上而不
與民同樂者，亦非也。（〈梁惠王下〉，第4章）

今王與百姓同樂則王矣。（〈梁惠王下〉，第1章）

不以仁政，不能平治天下。（〈離婁上〉，第1章）

此外，論及不行仁政的暴君的部份也在刪除之列。孟子喜歡
用「食人」的比喻來形容暴君。

庖有肥肉，廄有肥馬，民有飢色，野有餓莩，此率獸而食
人也。獸相食且人惡之。爲民父母，行政不免於率獸而食
人，惡在其爲民父母也？（〈梁惠王上〉，第4章）

爭地以戰，殺人盈野，爭城以戰，殺人盈城。此所謂率土
地而食人肉，罪不容於死。（〈離婁上〉，第14章）

連帶的，有關歷史上著名的暴君紂、桀的篇幅也都遭到剔

除。基本上，孟子認為人民不但是政府、國家存在的目的，人民
也有相當程度的自主性。換句話說，人民有所謂的「民心」，用
來表達他們的意願。君主必須體察民心，滿足人民的需要，否則
人民將以遷徙或是叛變的方式來反抗。

> 暴其民者，則身弒國亡。不甚則身危國削。（〈離婁上〉，
> 第2章）
> 桀、紂之失天下也，失其民也。失其民者，失其心也。得
> 天下有道，得其民，斯得天下矣。得其民有道，得其心，
> 斯得其民矣。得其心有道，所欲與之聚之，所惡勿施爾
> 也。（同上，第8章）

孟子並沒有說明君主通過何種管道去了解民心，或者進一步
了解「所欲與聚，所惡勿施」的內容。後者似乎比較容易定位。
苛征至少是其中一個項目。

> 有布縷之征，粟米之征，力役之征。君子用其一，緩其
> 二。用其二而民有殍，用其三而父子離。（〈盡心下〉，第
> 27章）（此章亦被刪）

至於「所欲與聚」何所指則比較不明確。朱熹引王錯的解釋
說：「人情莫不欲壽，三王生之而不傷。人情莫不欲富，三王厚
之而不困。人情莫不欲安，三王扶之而不危。人情莫不欲逸，三

王節其力而不盡。」❺即使「壽、富、安、逸」是民心之所欲，我們還必須處理程度的問題。換句話說，到底要滿足人民多少要求才算真正的滿足。關於這點孟子並沒有加以說明。此外，孟子描寫理想社會的那段話也被刪了：

> 五畝之宅，樹之以桑。五十者可以衣帛矣。雞豚狗彘之畜無失其時，七十者可以食肉矣。百畝之田勿奪其實，八口之家可以無飢矣。謹庠序之教，申之以孝悌之義，頒白者不負戴於道路矣。老者衣帛食肉，黎民不飢不寒，然而不王者，未之有也。（〈梁惠王上〉，第7章）❺

以上我們可以看出《孟子節文》有意要貶低人民的地位與重要性，而相對的提高君主的權威。人民只得成為沒有聲音的順民，而任意暴虐百姓的君主也不會成為食人肉的怪物了。

㈡君臣關係

明太祖特別厭惡孟子所說的君臣相報施的話，說這不是臣子所宜言的。因此《孟子》中論及以仁事君、諫戒、格君心之非的話都被刪除。例子如下：

---

❺ 《四書集注》，頁280。

❺ 「五畝之宅」這段話的大意亦出現在《孟子》，〈盡心上〉第22章。《孟子節文》保留有此章。我們不知道到底是《節文》有不一致之處，或者是此段並沒有犯忌。我暫時有存疑待考。

孟子告齊宣王曰：「君之視臣如手足，則臣視君如腹心。
君之視臣如犬馬，則臣視君如國人。君之視臣如土芥，則
臣視君如寇讎。」王曰：「禮，爲舊君有服，何如斯可爲
服矣？」曰：「諫行言聽，膏澤下於民；有故而去，則君
使人導之出疆，又先於其所往；去三年不反，然後收其田
里。此之謂三有禮焉。如此，則爲之服矣。今也爲臣，諫
則不行，言則不聽；膏澤不下於民；有故而去，則君搏執
之，又極之於其所往；去之日，遂收其田里。此之謂寇
讎。寇讎何服之有？」（〈離婁下〉，第 3 章）

君子之事君也，務引其君以當道，志於仁而已。（〈告子
下〉，第 8 章）

人不足與適也，政不足間也。惟大人爲能格君心之非。君
仁莫不仁，君義莫不義，君正莫不正。一正君而國定矣。
（〈離婁上〉，第 20 章）

齊宣王問卿。孟子曰：「王何卿之問也？」王曰：「卿不
同乎？」曰：「不同。有貴戚之卿，有異姓之卿。」王
曰：「請問貴戚之卿。」曰：「君有大過則諫，反覆之而
不聽，則易位。」王勃然變乎色。曰：「王勿異也。王問
臣，臣不敢不以正對。」王色定，然後請問異姓之卿。
曰：「君有過則諫，反覆之而不聽，則去。」（〈萬章
下〉，第 9 章）

孟子見齊宣王曰：「所謂故國者，非謂有喬木之謂也，有

世臣之謂也。王無親臣矣,昔者所進,今日不知其亡
也。」王曰:「吾何以識其不才而舍之?」曰:「國君進
賢,如不得已,將使卑踰尊,疏踰戚,可不慎與?左右皆
曰賢,未可也;諸大夫皆曰賢,未可也;國人皆曰賢,然
後察之;見賢焉,然後用之。左右皆曰不可,勿聽;諸大
夫皆曰不可,勿聽;國人皆曰不可,然後察之;見不可
焉,然後去之。左右皆曰可殺,勿聽;諸大夫皆曰可殺,
勿聽;國人皆曰可殺,然後察之;見可殺焉,然後殺之。
故曰:國人殺之也。如此,然後可以爲民父母。」(〈梁
惠王下〉,第 7 章)

　　孟子所主張的君臣關係之定位自從北宋《孟子》漸漸被儒者
推崇以來,就引起有些權力慾很高的君主之質疑。宋高宗就曾經
要求侍講尹焞解釋:「紂亦君也,孟子何以謂之一夫?」以及爲
什麼「君視臣如草芥,臣便可視君如寇讎乎」?尹焞都很巧妙的
回答說,這兩句話都是孟子引述武王及《書經》的話,不是孟子
本人的意思❷。這個爲孟子「脫罪」的說詞只能用於一時,終究
孟子所主張的君臣應該有相對等的關係的話成爲專制的君主一個
必須處理的問題。明太祖處理的方式即是將這些「不便」於他統
治的話全面刪掉。

---

❷　引自林上儁:《明太祖 v.s.孟子》,未刊稿,頁 3。

　　孟子論君臣的關係，我以爲楊時說的「君臣以義合者也」最可以表達孟子的意思。因爲如此君主有過，臣子有義務規戒；「格君心之非」，引導君主向善。因此二者的關係是相對的，而不是臣下絕對的附屬於君上。而且，在君臣關係之外尚有所謂「國人」之公議。雖然孟子沒有說明類似這種輿論的性質，或是它的形成及傳達的過程，但是「公議」會使得君臣關係趨於客觀化與明朗化。而且即使國君在聽了「國人」公議之後，有權做最後的裁決（「然後察之」），他並不能明顯的違反公議的意思。

(三)君主易位

　　對世襲的帝王制度產生很大衝擊的是孟子的君主可以易位的主張。所以《孟子》中有關「誅君弔民」、「弒君」、「易位」等章節全被刪去。

> 齊宣王問卿。孟子曰：「王何卿之問也？」王曰：「卿不同乎？」曰：「不同。有貴戚之卿，有異姓之卿。」王曰：「請問貴戚之卿。」曰：「君有大過則諫，反覆之而不聽，則易位。」王勃然變乎色。曰：「王勿異也。王問臣，臣不敢不以正對。」王色定，然後請問異姓之卿。曰：「君有過則諫，反覆之而不聽，則去。」（〈萬章下〉，第9章）
>
> 民爲貴，社稷次之，君爲輕。是故得乎丘民而爲天子，得乎天子爲諸侯，得乎諸侯爲大夫。諸侯危社稷，則變置。

犧牲既成，粢盛既潔，祭祀以時，然而旱乾水溢，則變置社稷。（〈盡心下〉，第14章）

萬章曰：「堯以天下與舜，有諸？」孟子曰：「否。天子不能以天下與人。」「然則舜有天下也，孰與之？」曰：「天與之。」「天與之者，諄諄然命之乎？」曰：「否。天不言，以行與事示之者如之何？」曰：「天子能薦人於天，不能使天與之天下；諸侯能薦人於天子，不能使天子與之諸侯；大夫能薦人於諸侯，不能使諸侯與之大夫。昔者堯薦舜於天而天受之，暴之於民而民受之，故曰：天不言，以行與事示之而已矣。」（〈萬章上〉，第5章）

齊宣王問曰：「湯放桀，武王伐紂，有諸？」孟子對曰：「於傳有之。」曰：「臣弒其君可乎？」曰：「賊仁者謂之賊，賊義者謂之殘，殘賊之人謂之一夫。聞誅一夫紂矣，未聞弒君也。」（〈梁惠王下〉，第8章）

根據孟子的說法，只有貴戚之卿在面臨亡國之危的時候才可以變易國君，另立賢君。但是孟子並未說明選擇新的君主的方式與過程。而且，「有伊尹之志，則可，無伊尹之志，則篡」[53]。

---

[53] 《孟子》，〈盡心上〉第 31 章。朱熹注曰：「伊尹之志，公天下以為心而無一毫之私者也。」引自《四書集注》，頁 358。此章亦被刪去。

因此，易位也有這些限制。即使如此，統治權是由天授與的。
「天與賢，則與賢。天與子，則與子。」（〈萬章上〉，第 6
章）「天子不能以天下與人。」（〈萬章上〉，第 5 章）所以在
此前題下，弒昏庸之暴君，「誅君弔民」才有可能。孟子這種公
天下的思想當然和私天下的帝制不合。

㈣士的自主性

要成就專制的統治就必須把知識份子的自主性削減到最低的
地步，使他們成為政治權力的工具。所以《孟子》中有關強調士
的獨立性，或是涉及士之進退問題的地方大都被刪除了。

> 天下有達尊三，爵一，齒一，德一。朝廷莫如爵，鄉黨莫
> 如齒，輔世長民莫如德。惡得有其一，以慢其二哉？故將
> 大有為之君必有所不召之臣。欲有謀焉，則就之。其尊德
> 樂道，不如是不足與有為也。（〈公孫丑下〉，第 2 章）
> 陳子曰：「古之君子何如則仕？」孟子曰：「所就三，所
> 去三。迎之致敬以有禮，言將行其言也，則就之；禮貌未
> 衰，言弗行也，則去之。其次，雖未行其言也，迎之致敬
> 以有禮，則就之；禮貌衰，則去之。其下，朝不食，夕不
> 食，飢餓不能出門戶。君聞之曰：『吾大者不能行其道，
> 又不能從其言也，使飢餓於我土地，吾恥之。』周之，亦
> 可受也，免死而已矣。」（〈告子下〉，第 14 章）
> 萬章曰：「敢問不見諸侯，何義也？」孟子曰：「在國曰

市井之臣，在野曰草莽之臣，皆謂庶人。庶人不傳質爲
臣，不敢見於諸侯，禮也。」（〈萬章下〉，第7章）

　　士不是國君的附庸是因爲他擁有「齒德」，可以和君主相抗
衡。所以士講求仕道。「三就三去」的原因主要是看君主有無誠
心行仁政，是否待士以禮。甚至「未至於飢餓不能去門戶，則猶
不受也」❺❹。這種節操莫非來自士的強烈之自主性。

　　「消毒」過的《孟子節文》把以上所列的最礙眼的地方都去
掉了。但是孟子的思想有其一貫性。誠如楊時所說：「《孟子》
一書只是要正人心，教人存心養性，收其放心。至論仁義禮智，
則以惻隱、羞惡、辭讓、是非之心爲之端。論邪說之害，則曰生
於其心，害政。論事君，則曰格其非心，一正君而國定。千變萬
化，只說從心上來。人能正心，則事無足爲者矣。」❺❺「正心」
是《孟子》的中心點，其他政治、社會方面的主張是所謂的
「用」。一部只有「體」而無「用」的《孟子節文》當然不完
全，但是也無法完全抹殺掉學者由「存心養性」下手所建立的自
主性。以下是《孟子節文》中和治道、仕道相關的一些章節：

　　孟子曰：「人皆有不忍人之心。先王有不忍人之心，斯有

---

❺❹　《四書集注》，頁347。
❺❺　同上，〈孟子序說〉，頁199。

不忍人之政。以不忍人之心，行不忍人之政，治天下可運
之掌上。」（〈公孫丑上〉，第6章）

孟子曰：「古之人未嘗不欲仕也，又惡不由其道。不由其
道而往者，與鑽穴隙之類也。」（〈滕文公下〉，第3章）

孟子曰：「天之生此民也，使先知覺後知，使先覺覺後覺
也。」（〈萬章上〉，第7章）

孟子曰：「食而弗愛，交之也。愛而不敬，獸畜之也。恭
敬者，幣之未將者也。恭敬而無實，君子不可虛拘。」
（〈盡心上〉，第37章）

孟子曰：「居天下之廣居，立天下之正位，行天下之大
道。得志與民由之，不得志獨行其道。富貴不能淫，貧賤
不能移，威武不能屈。此之謂大丈夫。」（〈滕文公下〉，
第2章）

一個「富貴不能淫，貧賤不能移，威武不能屈」的知識份子
很透徹的了解義利之辨，對進退之道很謹慎，而且甘於守貧，任
「抱關擊柝」之職位，自然有相當高的自主性。因此，明太祖可
以馴服《孟子》，但是不可能將反抗政治權威，維持個人自主性
的思想完全從《孟子》中清除掉。

四、結論

《孟子節文》從洪武27年（1394）頒布以來，至永樂12年

（1414）明成祖命胡廣等撰成《四書大全》，取代《節文》成爲科舉考試之範本，流行也不過二十年之久❺❻。目前只有洪武 27 年國子監刊行的版本，也沒有其他版本存在的紀錄，所以《孟子節文》的流通在成祖之後大概不很廣。明、清兩代的學者似乎很少提到此書❺❼。《孟子節文》可以放在明代疑經、改經之風氣中來考慮。但是明太祖有意以刪《孟子》來進行其思想控制之政治目的，所以此書的政治意涵可說高過其學術之意義。

　　《孟子節文》的重要性在於它的象徵意義，而不在於它在當時或是在歷史上所產生的實際影響。明太祖罷孟子配祀這個歷史性的事件突顯了專制政權的特質。但是明太祖貶孟子失敗了，而且後來的君主無論如何膨漲他的權力也不敢再模仿明太祖，向儒家聖人挑戰。這都透露出專制政權也有其限制之處。太祖想剪裁《孟子》以符合他統治的需要。在這點上他可以說徹底失敗了。經過幾乎一千年的漫長的歷史過程，儒家傳統已經深入中國文化結構的最深處。居於儒家傳統中心地位的孔子與孟子不是任何一個皇帝可以隨意廢貶的。雖然儒家的經典允許不同的解釋，可是它的文字之完整性已經具有神聖性。即使皇權在經典形成過程中

---

❺❻　　見明成祖撰〈四書大全序〉。

❺❼　　關於《孟子節文》在明代之流傳，由於資料缺乏，很難研究。我初步的研究是此書在明代流傳並不廣。清代之《五十萬卷樓藏書目錄初稿》有載錄，但引惠棟語云：「今不見印行。」（頁 355）可見此書在清代亦少見。五十萬卷樓所藏的版本是洪武刊本。

扮演很重要的角色，一旦經典（canon）確立之後，它就具有相
當大的獨立性，不允許皇權的壓迫。更何況儒者奮身起來衛道，
甚至以身殉道所凝聚的輿論和道德力量亦是建構經典的一個重要
因素。孟子被罷配祀時，有錢唐「臥棺絕粒以爭之」❸。劉三吾
修《孟子節文》時，有孫芝「力詆劉三吾爲佞臣以爭之」❺。也
正是由於明太祖貶孟子不成，修《孟子》也終究失敗，孟子在孔
廟的地位因此愈加穩固，《孟子》此書的神聖性愈加被尊重。從
經典形成的角度來看，《孟子》作爲儒家經典的一部份擁有相當
高的自主性。儒家傳統在具有神聖性的經典之支持下，面對專制
政權的挑戰或是壓迫時，可以發揮其自主性，而不一定會淪爲政
治機器的工具。朱熹曾在〈中庸章句序〉論及經典對道統的重
要。這段話或許可以作爲說明爲何帝王殘害儒學經典不可能成功
的原因。

「子思懼夫愈久而愈失其眞也，於是推本堯、舜以來相傳之
意，質以平日所聞父師之言，更互演繹，作爲此書，以詔後之學
者。——自是而又再傳以得孟子，爲能推明是書，以承先聖之
統。及其沒而遂失其傳焉。則吾道之所寄不越乎言語文字之間，
而異端之說日新月盛，以至老、佛之徒出，則彌近理而大亂眞

---

❸　全祖望：〈辨錢尚書爭孟子事〉，《鮚埼亭集》，卷35，頁4上。
❺　同上。全祖望說孫芝之事僅見於《國史惟疑》。當時是否還有人公開
　　反對，有待進一步研究。

矣。然而尙幸此書之不泯，故程夫子兄弟者出，得有所考，以續夫千載不傳之緒，得有所據，以斥夫二家似是之非。」⑩

　　經典一般來說在儒家的眼中是具有「續夫千載不傳之緒」的重要性，所以儒家傳統的存廢得依靠經典的永續存在。因此儒者甘冒生命的危險和任何企圖毀害經典的勢力鬥爭亦是自然的事。《孟子節文》事件亦提供一項歷史事實來反駁韋佛格（Karl August Wittfogel）所主張的「東方暴政論」（Oriental despotism）。此理論曾經在西方學界產生了相當大的影響⑪。韋佛格由新馬克思主義的觀點來看東方文明中國家權力之形成。他的理論不但過於機械化，而且也過分誇大了君權的力量。他最受人批評的論點是主張君主使用「全面的恐怖政治」（total terror）以達到「全面的控制」（total control）及知識份子「全面的屈服」⑫。雖然韋佛格的理論已經被學者拒絕了，但是中國

---

⑩　《四書集注》，頁 15。

⑪　他的理論主要見於 Oriental Despotism: A Comparative Study of Total Power. New York: Vantage Books, 1957, 1981.「Oriental despotism」一詞亦有人譯成「東方專制論」。但是從他描述此種政權以「全面的恐怖政治」的手段來控制被統治者的主張來看，「暴政」應該比「專制」恰當。由於「專制」的政權不一定壓榨人民，而「despotism」的政府一定不可能善待百姓，所以用「暴政」來譯 despotism 較適合。這點亦可由 F. Mote 批評 Wittfogel 的文章中看出來。見 Mote, F., "The Growth of Chinese Despotism", *Oriens Extremes* 8 (1961), 1-14.

⑫　參見 F. Mote, "The Growth of Chinese Despotism"; S.N. Eisenstadt, "The

的帝王制度基本上是一種「暴政」的統治，或是具有演變成暴政
的傾向，似乎仍舊有許多學者堅持這種看法。

哈克教授（Charles O. Hucker）從研究明代之御史制度中看
出皇帝與官僚階級之間存有相互的依賴的關係。他也看出御史確
實可以改變皇帝的政策，對皇權產生某些制衡的作用❻。李文遜
教授（J. Levenson）在討論君權之限制之問題上提出皇帝與官僚
階級的關係具有「既衝突又合作」（conflict-collaboration）的關
係❻。這兩種說法基本上把君主的權力相對化，而強調爲了使官
僚制度良好運作，有效地治理國家之事務，皇帝與官僚或知識份
子經過互動之過程後，形成一種合作的關係。但是即使皇權不是
絕對的，在帝制的權力結構中，皇權毫無疑問是至高無上的。因
此和皇帝「合作」，「服務」於官僚制度中的儒者有多少自主性

Study of Oriental Despotism as Systems of Total Powers", *Journal of Asian Studies* 17 (1957-58), 435-46.他們的批評主要都在說明暴政的統治不可能是全面性的，君權不可能是絕對的。

❻ 參見 Charles O. Hucker, *The Censorial System of Ming China*. Stanford: Stanford University Press, 1966, p.294.哈克教授同時指出御史制度的限制，例如御史的立場有保守之傾向。其實御史制度並不是和皇權對立的制度，所以不能有效的牽制皇權的力量。它僅可以防止皇權之過度擴大及暴政之形成。

❻ Joseph Levenson, Confucian China and it's Modern Fate, vol.2, *The Problem of Monarchical Decay*. Berkeley: University of Berkeley Press, 1964.

仍舊是一個值得討論的議題。

《孟子節文》終究被廢止以及明太祖不得不恢復孟子在孔廟之配祀地位很明顯的說明了儒者可以有效地使用儒家經典的神聖性及祀典禮儀之權威性來和皇帝抗爭[65]。由於君權的合法性得自儒家之理念,皇帝治理國家必須依賴儒者的輔助及合作,皇權的力量有其內部之限制性。然而和皇權對抗之力量或勢力亦有相當大的限制。《孟子節文》之事件並沒有,也不能制止明太祖在其他方面使用文字或其他手段進行對知識份子的思想箝制及恐怖統治。孟子雖然在孔廟得到皇帝及其他官員適當的尊崇,但是孟子的政治理念仍舊沒有被實際地施行。換句話說,一位暴君可以一方面尊孔、孟,一方面施行暴政。儒家是否有能力防止暴政的產生是另一個由《孟子節文》事件中引發我們深思的問題。

雖然我無法在此對上述的問題提供詳細的討論,從《孟子節文》的編撰過程中,我們可以看出即使在皇權極度高漲的情況下,在恐怖政治瀰漫社會的困境中,儒者擁有相當大的資源及很高的地位來反抗暴政的壓迫。經典的傳統及禮制的權威都在皇權之上,可以作為支持儒者抗爭的道德性及政治性之依據。在理論

---

[65] John Dardess 認為太祖治下的儒者大多數附和朝廷的政策,少有和朝廷抗爭者。見 *Confucianism and Autocracy*, p.258.我認為 Dardess 從明人的文集及官方編撰的地方志著眼,因此沒有注意到和皇權產生抗爭的事件。他的書沒討論太祖罷孟子配祀及編輯《孟子節文》是一項疏失。

上，儒家傳統是帝制合法性的依據。所以皇帝無法全面的、正面的反抗儒家傳統，造成自己統治權力的動搖。同時皇帝並沒有擁有詮釋儒學的唯一的權力，所以儒者就具有批評、反抗「官方」思想的力量與身份。但是儒者的自主性或抗爭權力從來沒有被制度化。明太祖時有錢唐等人自發的挺身而出，甘願爲他們的理想而犧牲生命。太祖一方面懼怕文星的惡兆，一方面爲了避免遭受知識份子的「公憤」，所以讓步。雖然我們可以由此看出傳統之約束及禮之規範在帝制社會中的軸心地位。若是沒有錢唐這類衛道之士出來發揮儒者具有的諫諍及批評的職責，則暴政將會更加暴虐兇狠了。孔子說：「人能弘道，非道弘人。」㊞指的就是這種儒家抗爭的傳統。我想這也是《孟子節文》給我們最大的啓發。

※我想在此感謝林慶彰教授和蔣秋華教授對本文的撰寫提供了很多寶貴的資料與意見。

㊞　《論語》，〈衛靈公〉篇，第 29 章。

王夫之「民族主義」思想商榷

　　大陸學者幾乎都認為王夫之（1619-1692）是偉大的民族主義者及愛國主義者。侯外廬以後❶，學者都依據這個論點來發揮。然而始為俑者是章炳麟（1869-1936）❷。後來嵇文甫在

---

❶　侯外廬主編：《中國思想通史》，第 5 卷（北京：人民出版社，1956年第一版，1980 年），頁 37。除此之外，參見任繼愈主編：《中國哲學史》，第 4 冊，頁 72；劉先枚：〈船山政治思想論略〉，載《王船山學術討論集》（北京：中華書局，1965 年），頁 415-419。這類例子不勝枚舉。他們都沒有定義什麼是「民族主義」或「愛國主義」。他們由於王夫之批評「封建制度」，反對滿清，就讚美王夫之是「民族主義者」、「愛國主義者」。其實王夫之熱愛的是明朝，忠心的是明朝的皇帝。以他們的標準來說，是很「封建」的。此外，劉先枚談到王夫之的民族主義思想以「民族利益」為考慮之前題，比其他人在論說與分析上較明確一些。但是他對「民族利益」的內容並未加以詳細界定。見《船山政治思想略論》，頁 415。以下論王夫之民族思想的文字是我與朱浤源、蔣秋華合撰之〈王夫之民族思想重觀〉的進一步發展，所以在觀點上以及措詞上和該文有一些相同之處。我所摘錄的文字是我為合撰之文章所寫的，所以不一一加以標示出。

❷　轉引自許冠三：《王船山的致知論》（香港：中文大學出版社，1981年），頁 125。章太炎於 1906 年 7 月在東京學生歡迎會上說他自己的民族思想受到王夫之的啟發。章太炎曾說：「衡陽（王夫之）者，民

1935 年稱王夫之的思想是「最極端的民族主義」，以爲王夫之「抱著大中華主義，想藉武力以宣揚文化」❸。在明末遺民中，王夫之以堅定的反抗滿清異族的統治爲後世稱道。他終其一生不薙髮、不逃禪，而且以個性「其介如石」自豪❹。因此說他是民族主義者似乎有所根據。問題是這些學者往往不去界定「民族主義」（nationalism）的涵義❺，而且斷章取義，牽強附會，把王夫之說成是一位提倡種族歧視、挑撥種族衝突的喪心病狂。本文想從王夫之的時代背景以及其儒學思想的整體架構，來釐清王夫之之民族思想的原意。我將涉及王夫之的民族思想是否是偏狹的

族主義之師，餘姚（黃宗羲），立憲政體之師。」見湯志鈞編：《章太炎政論選集》（北京：中華書局，1977 年），頁 42 下。章太炎是位偏狹的種族主義者，他把王夫之塑造成偏狹的種族主義者，有政治上的工具用意。見朱浤源：〈從族國到國族：清末民初革命派的民族主義〉，《思與言》，第 30 卷第 2 期，1992 年 6 月，頁 18-21；陳儀深：〈二十世紀上半葉中國民族主義的發展〉，認同與國家：近代中西歷史的比較學術研討會論文，中央研究院近代史研究所，1994 年 1 月，頁 4-8。梁啓超相對之下持較和緩的立場。

❸ 稽文甫：《王船山學術論叢》（北京：新華書局，1962 年），頁 148-149。書中所收的「船山哲學」長文原發表於 1935 年。見序言。

❹ 見〈船山記〉，《王船山詩文集》（香港：中華書局香港分局，1974 年），頁 40。

❺ "Nationalism"有不同的中文翻譯：民族主義、國族主義、族國主義、國民主義等。參見朱浤源：〈從族國到國族：清末民初革命派的民族主義〉，《思與言》，第 30 卷第 2 期，1992 年 6 月，頁 7-38。在此我採取「民族主義」一詞，因爲它比較適合十七世紀的思潮。

「文化沙文主義」（即「大中國主義」）或是極端的「種族主義」的問題。我也將討論他對政權之合法性（legitimacy）的看法（即「正統論」），來看他是否抱持「中國大一統」的觀念。我的結論是：王夫之的民族思想中，「種族認同」（ethnic identity）的成分很薄弱。他的民族思想是帶有相對性意味，超越種族的文明論。在「氣論」的哲學基礎上，他主張民族間應該互相容忍，尊重各自文化之特質與獨立性。他更沒有現代的「國家」觀念。所以我認為以「民族主義」加諸王夫之身上是不恰當之舉。「愛國主義」的標籤更是無稽之談了。

論述王夫之反抗滿清的生涯之著作很多❻，在此我不打算多做敘述，只想討論他反清的心境及動機，作為討論他的民族思想的引子。 王夫之從青年時期即在父親的反對下，很熱烈的投入反滿清運動的行列中。20 歲時（1638 年）加入「行社」，21 歲（1639 年）時加入「匡社」❼。24 歲時（1642 年），他父親就曾鄭重警告他不要被有心人利用，成為他人政治目的的工具，而無謂的犧牲自己的生命。他父親說：「要行己有本末，以人為本己末之，必將以身殉他人之道。何似以身殉己之道哉。」❽這個忠告王夫之可說只聽進一半，他反對以身殉國，明朝滅亡之時

❻ 最詳細的論著是劉春建的《王夫之學行繫年》（鄭州：中州古籍出版社，1989 年）。

❼ 許冠三，前引書，頁 98。

❽ 〈家世節錄〉，《薑齋文集》，卷 10，載《王船山詩文集》，頁 109。

他沒有自殺❾。可是他仍舊投入政治浩劫中。他曾經和「匡社」
的同志在衡山舉兵，結果事敗逃亡❿。等到他在永曆朝廷任行人
司行人的職位時（33 歲，1650 年）親自嘗到政治鬥爭的苦頭，
差一點喪掉性命，他才灰心地回到湘西隱居，以著述傳世⓫。雖

---

❾　王夫之認爲殉國是替執政者無能的掩飾行爲，於國家大事全無濟助。
　　當然他很推崇劉宗周（1578-1645）忠貞死難的行爲，但是對一般殉
　　國的人，他都認爲是白白犧牲生命了。《搔首問》中他説：「漢之亡
　　無一仗節死義者。……唐之亡尤爲可恥。……宋之亡殉國者可稱多
　　士。要皆清謹自好，不辱其身。乃至文山（文天祥，1236-1282）之
　　忠貫日月。然使付之扶危定傾之任，亦非其所任。昨者大命之傾，自
　　臺輔以至郡邑之長，與河山俱碎者赫奕林立，古無其匹。如劉念臺
　　（劉宗周）……諸先生。無論其忠節，即以匡濟之才言，使盡其設
　　施，詎在肅愍劉忠宣之下。……人才之盛莫盛於斯。且非廢錮林泉高
　　臥不起也。偏列於九卿內翰臺省，而不能救宗社之陸沈，僅以一死謝
　　君父。將誰責而可哉。」（頁 13 上下）言下之意是在批評這些爲明
　　朝殉國的人以死來逃避他們救國救世的責任。在《讀通鑑論》（北
　　京：中華書局，1976 年）中王夫之亦説：「若君臣同死孤城，而置天
　　下於膜外，雖獵衛主之名，亦將焉用此哉。」（卷 12，頁 397，「昬
　　帝」）當然他不是説所有殉國者都是爲了獵名，但是他很堅持殉國無
　　補於大局。此外，在《春秋家説》中，王夫之也批評國君「死其社稷
　　則是懷土而棄天下矣」。（頁待查）在此他似乎是隱約的批判崇禎皇
　　帝自殺是不負責任的行爲。

❿　許冠三，前引書，頁 102。

⓫　35 歲時（1653 年）所作的〈章靈賦〉表白了他在進退兩難之餘，決
　　定隱居的決心。見《王船山詩文集》，頁 83-92。在序裏他説：「壬
　　辰之日（1652 年），筮得〈暌〉之〈歸妹〉。明年癸巳（1653 年），
　　筮復如之。時孫可望（1660 年卒）挾主滇、黔，有相邀赴之者。久陷
　　異土，既以得主而死爲歖。託此匪人，尤以遇巷非時爲戒。」（頁 83）

然在三藩之亂時（1673-1678），他曾有一段時間多方奔走，似乎有起事的意圖⓬，但是基本上他在 35 歲（1651 年）之後就和實際政治絕緣了。雖然在往後四十多年的山林生活中，王夫之消極反抗滿清的意念未曾改變，但是他反滿的堅定心志是否在晚年稍有軟化，則是可以進一步探討的問題⓭。如果王夫之對滿清的

⓬　參看劉春建：《王夫之學行繫年》，1643 年王夫之拒絕張獻忠之邀請。1678 年他回拒為剛稱帝的吳三桂（1612-1678）作「勸進表」。他說：「某本亡國遺臣，扶傾無力，抱撼天壤。破國以來，苟且食息，偷活人間，不祥極矣。今汝亦安用此不祥之人為？」見潘宗洛所撰〈船山先生傳〉（康熙 44 年，1705 年）（《船山遺書全集》本，臺北：自由出版社，1972 年，頁 2 下）。此事王夫之的兒子王敔所撰的〈薑齋公行述〉（成于康熙 45 年，1706 年），未言，而潘宗洛則大書特書，把王夫之說成是「我朝之貞士」。王夫之在九泉下有靈的話，必定為此憤慨不已。王夫之又作〈祓褉賦〉來表明他的心境。賦已遺失。有一段見王敔所撰之行述〈薑齋公行述〉，見《船山遺書全集》，頁 3 上。

⓭　從王夫之晚年允許他的兒子王敔參加科舉考試，以及他因為拒絕吳三桂之邀請，郡守送他粟帛，他「受其粟返其帛」等事來看，我們似乎也可以說王夫之晚年有不得不與現實妥協之處。但是他始終未放棄反清的原則。餽贈粟帛事見前引潘宗洛所撰之〈船山先生傳〉（頁 2 下）。關於這個問題，近人亦有爭論。陸復初主張王夫之的民族思想前後有不同。例如早年的著作《黃書》強調三極三維之「夷夏大防」說，而晚年定論的《讀通鑑論》則允許種族有條件的同化，因此王夫之的立場有前後轉移之跡象。見《王船山學案》，頁 360。持相反意見的陳遠寧則引經據典，試圖證明王夫之即使到了晚年仍然閉門隱居，忠貞不事異朝。見《中國古代政治觀的批評總論》（長沙：湖南

態度有改變的話，這會影響我們了解他的民族思想。

　　和反抗滿清一體兩面的是王夫之對明朝的忠貞，尤其是他對明朝皇帝之耿忠。崇禎皇帝卒時他作「悲憤詩百首」。以後南明的皇帝遇害，他都作續詩百首，前後三次❹。晚年他自題墓石：「有明遺臣行人王夫之而農於此。」又自題墓銘曰：「抱劉越石（劉琨，270-317）之孤憤而命無從致，希張橫渠（張載，1020-1077）之正學而力不能企。」❺這裏引導出王夫之是否能超越對皇帝個人的效忠，而去考慮整個國家民族之命運的大問題。身為「東林」後裔的王夫之，不可能不了解改革派在明末腐敗的政府

　　出版社，1992 年），頁 264-268。我與朱浤源、蔣秋華合著之〈王夫之民族思想重觀〉，載《王船山學術研討會論文集》（新莊：輔仁大學出版社，1993 年 10 月），注 74 有論及。我個人以為王夫之反清的情緒與不為貳臣的氣節，原則上未曾有任何改變，但是在感情上與生活細節上，王夫之在四十多年中稍有改變亦是可能，合常理的。

❹　1645 年福王被劫，1646 年唐王被執，以及 1662 年永曆帝被執。王夫之所作之詩皆不傳。

❺　許冠三，前引書，頁 118。藩宗洛之《船山先生傳》「孤憤」二字作「孤忠」。應以「孤憤」為是。王夫之手題墓銘之複印本見湖南省歷史博物館所藏之《船山先生墨寶四種》。見許冠三前引書，頁 119，注 77。劉春建將「自題墓石」繫於 1689 年（頁 294）。從王夫之不主張殉國之事來看，他不贊成「愚忠」。所以身為遺民的他，悲憤的情緒應該大於對明朝的忠貞。但是這兩種情緒彼此相牽連的關係很複雜，必須進一步研究才可透視王夫之之心路歷程。但是我們至少要分清楚王夫之對明代皇帝個人的效忠，對明朝這個「國家」的效忠，以及他對個人氣節的堅持這三方面的不同。

中所遭受到的政治迫害。尤其他更親身體驗到南明王朝的無能與暴虐。在那種政治風氣之下，王夫之是否很不實際的把國家未來的希望寄託在明末的小皇帝身上？換句話說，他忠貞的對象是明朝的皇帝或是以明朝為代表的國家？他所悲憤的是明朝皇帝的去世，或是中華文化面臨異族強大的武力壓迫，所遭受到的文化危機？如果王夫之是對抽象的「國家」、「文化」效忠，而不是對明朝的皇帝產生愚忠，則他反清的情緒與動機必須進一步加以分析。換句話說，我們必須檢討他是否為了復明而反清，或是為了反抗異族的迫害而反清。在明末遺民中，王夫之與黃宗羲（1610-1695）所抱有的以華夏為中心的民族意識最為突出❶。本文的主旨之一即想論述王夫之的民族思想主要是基於文化與政治的考慮，而不是種族意識的產物。

王夫之的民族觀

　　王夫之民族主義思想的核心觀念是他的「華夷之辨」及「夷夏大防」的主張❶。我們必須先了解他對民族的成因，以及民族

---

❶　有關黃宗羲的民族思想，在他的《明夷待訪錄》及《留書》中可以清楚地看見。見下文之討論。《明夷待訪錄》成于 1662 年，與《黃書》（成于 1656 年）可說是屬於同一時代的作品。吳光的考證載《黃宗羲全集》（杭州：浙江古籍出版社，1985 年），第 1 冊之附錄，頁 423-427。黃宗羲之遺文載該書，頁 416-420。

❶　以下論及民族的成因以及對夷狄的態度取材自朱浤源、朱榮貴、蔣秋

差異的看法，才能正確了解他對夷狄的態度。王夫之採取了類似風水觀念（如「地靈人傑」的概念）的氣質論，來解釋民族之形成與差異。爲什麼會形成許多不同的民族呢？王夫之以爲是由於「地異」（地理環境不同），而導致「氣異」、「習異」、「種異」一連串的差別。對這個種族間的差異，王夫之一方面認爲是文化上的差別，因此他做出「文明」與「野蠻」之價值判斷。另一方面他認爲這也是道德上的差別，因此他提出「夷夏大防」的原則。但是不論民族間的歧異是基於文化或道德的因素，王夫之主張我們應該尊重民族之差異性及特殊性，而不應該對其他弱小民族進行文化之侵略與同化。除非我們把握住王夫之提倡民族多元化的主張，否則不可能正確地了解他的民族思想。以下就他的民族「種類論」、「氣質論」等方面來敘述王夫之的民族思想。

一、種類論

《黃書》開宗明義就提出王夫之的種類論，以爲全書的理論基礎。他以爲天下萬物都有其所屬之族類或類別。聖人「清其族，絕其畛，建其位，各歸其屏」❸。所以「乘禽力橫，耕禽力縱。水耕宜南，霜耕宜北」❹。這都是不可變易的自然之現象或

革合撰之《王夫之民族思想重觀》之第一、二節。本文之重點及觀點和該文稍有不同。

❸　　《黃書》，《船山全書》（長沙：嶽麓書社，1992 年）第 12 冊，頁501，「原極第一」。

❹　　同上。

規律。而聖人「絕其畛」，使每個事物都歸屬到它所屬於的類別之中，目的是防止族類與族類之間的混雜相參。如果種類混雜起來，自然規律就會被違背了，天下就會亂起來。所以事物一定要「自畛其類」。王夫之的種類論帶有相對性的價值論之含意。

應用在夷狄與華夏的問題上，王夫之因此主張華夏要「保其類」，「不可使夷類間之」❷。換句話說，漢人與夷狄各自隸屬不同的種族，彼此不應該混雜。所以在《讀通鑑論》中他以為華夏與夷狄理想的關係要像「魚相忘于江湖，人相忘于道術」❷。中國不要去將夷狄的制度文化加以漢化，夷狄也不要來侵略中國。彼此相安無事，互不羨慕，也互不干擾❷。

王夫之的「種類論」建立在他的氣的哲學上。天以氣化生萬物，然而由於地理環境之差異，「天氣」所造就的事物有品種上和本質上的不同。他說：

> 天以洪鈞一氣生長萬族，而地限之以其域，天氣亦隨之而

---

❷　同上，頁 503。

❷　《讀通鑑論》（北京：中華書局，1976 年），卷 28，頁 614，「五代上」。同時王夫之贊成漢光武帝（25-57 在位）閉關的政策。他說：「故光武閉關而河湟鞏固，天地設險以限華夷，人力不通，數百里而如隔世。目阻心灰，戎心之所自戢也。」（《讀通鑑論》，卷 21，頁 436，「唐中宗」）

❷　「彼無我侵，我無彼虞。各安其紀而不相瀆耳。」見《宋論》卷 6，《船山全書》（長沙：嶽麓書社，1992 年），第 11 冊，頁 174。

變，天命亦隨之而殊。……地形之異即天氣之分，爲其性
情之所便，即其生理之所存。❷

　　他是用氣之流行與地理環境來解釋「理一分殊」的原則。
「天主氣，渾淪一氣而無疆垺。地主形，居其壤，食其毛，其地
之人即其人之地矣。」❷在天地相互作用之下，於是產生了地緣
性之差別。相對於「天維」（人與物之間的差別）與「人維」
（人與人之差別），王夫之稱此差異性爲「地維」❷。爲了要維
持「地維」，才引發出「夷夏大防」的主張。他說：

　　　　天下之大防二，中國夷狄也，君子小人也。非本末有別，
　　　　而先王強爲之防也。夷狄之與華夏，所生異地。其地異，
　　　　其氣異矣。氣異而習異，習異而所知所行蔑不異焉。乃於
　　　　其中亦自有其貴賤焉。特地界分，天氣殊，而不可亂。亂
　　　　則人極毀。❷

---

❷　　《讀通鑑論》，卷 13，頁 415，「東晉成帝」。

❷　　〈思問錄外篇〉，《船山全書》，第 4 冊，頁 445。

❷　　見《黃書》，「原極第一」：「夫人之於物，陰陽均也，食息均也，
　　　而不能絕乎物。華夏之於夷狄，骸竅均也，聚析均也，而不能絕乎夷
　　　狄。所以然者何也？人不自畛以絕物，則天維裂矣。華夏不自畛以絕
　　　夷，則地維裂矣。」（頁 501）

❷　　《讀通鑑論》，卷 14，頁 431，「東晉哀帝」。

　　這種根據地理環境與種族所居住生活之地域來界分華夏與夷狄基本上並沒帶有任何價值判斷在內。

二、氣質論

　　有些學者認為王夫之講「夷夏大防」，是以氣的宇宙論與人性論來將他的排斥夷狄，甚至仇視夷狄的觀點加以合理化。其實「夷夏大防」顧名思義是要防止夷夏彼此滲透，而且是基於上述之「種類論」之考慮，和種族歧視或仇恨無理論上之關連。而且王夫之論夷夏之防和君子小人之防相提並舉。他說：「天下之大防二，而其歸一也。」❷我們必須先了解王夫之將夷狄華夏的問題和君子小人的問題視為同一類的問題，否則最後就會產生很大的偏差。王夫之所謂的根本性的問題是道德心的差別，即「義利之分」。而不同的道德心是環境所造成的。在此王夫之提出他的帶有「決定論」意味的氣的人性論。他說：「一者何也，義利之分也。生於利之鄉，長於利之塗。父兄之所重，肌膚筋骸之所便，心旌所指，志動氣隨，魂交神往，沈沒於利之中。終不可移而亡於華夏君子之津涘。」❷他進一步用地異、氣異、習異、種異的觀念來說明為什麼夷狄和小人喪失掉道德心。他說：

　　　　夷狄之與華夏，所生異地。其地異，其質異矣。氣異而習

---

❷　　《讀通鑑論》，卷14，頁431，「東晉哀帝」。

❷　　同上，頁432。

異。習異而所知所行蔑不異焉。乃於其中亦自有其貴賤
焉。特地界分，天氣殊，而不可亂。亂則人極毀。㉙

小人之所以為小人的情況也是由於外在的氣和環境造成。

君子之與小人，所生異種，異種者其質異也。質異而習
異。習異而所知所行蔑不異焉。乃於其中自有其巧拙焉。
特所產殊類，所尚殊方，而不可亂。亂則人理悖。㉚

王夫之的這種「環境倫理學」是立基於他的氣的宇宙論，以
及他得自於張載的氣質變化說。由於在他的整體理論架構中氣或
是氣質是可以改變的（否則道德修養的工夫就成為沒意義的遊
戲），異種、異習也都可以改變的。因此並非一朝為夷狄則終生
為夷狄，一朝為小人則終生為小人。由此觀之，王夫之對夷狄的
攻擊及厭惡似乎並沒有比在他之前的思想家更激烈，而且他對夷
狄也不是有種族的歧視或仇恨。他恨夷狄不仁不義，就像他恨小
人不仁不義一樣，根本上只是一種道德、文化的譴責。

大陸學者將王夫之說成是「樸素的唯物主義者」㉛。而且說

㉙　同上，頁 431。

㉚　同上。

㉛　陳遠寧：《中國古代政治觀的批判總結》，引言，頁 5。

他將「古典唯物主義哲學推向新的高峰」❸❷。這種斷章取義的看法完全忽略了王夫之對人性及道德的整體主張。雖然王夫之所謂的「氣」或「氣質」不是純物質的存有是不待庸言的。但是我們仍舊可以追問,王夫之在解釋民族差異的形成時,是否完全採取外在(即地理)的因素來說明,則是值得進一步探討的問題。他的《黃書》開宗明義就主張「凝黃中之絪縕」,因為中原的氣得山川秀麗之精,是純氣。相對之下,夷狄所處之地域的氣是間氣、餘氣(不純的氣)❸❸。南宋時主張北伐,奪回中原的陳亮(1143-1194)也有類似的看法。但是他們都不是主張外在因素決定一切。因為佔據了中原的夷狄不一定都會被「華化」。「華化」的成功與否要看許多「非地理」的因素來決定❸❹。因此我們不能把王夫之所談的「地異」、「質異」、「氣異」、「習異」、「行異」等看做是一連串必然的關係。

什麼是「夷狄」?

要了解王夫之對待夷狄的態度,我們必須要在上述的「種類論」與「氣質論」的前提下,來看他有關「華夷之辨」的言論。而且我們也必須涉及他對歷史上異族統治中國的看法,並知道他

---

❸❷　張岱年:《中國古代政治觀的批判總結》,序,頁1。

❸❸　《黃書》,「離合第七」,頁533-534。

❸❹　這點和民間流行的風水的觀念是一致的。風水觀並不是簡單的決定論。風水好的地方仍舊要靠德行來配合,才會產生好的結果。

如何處置入據中國的異族？因爲往往在最後這點上他對夷狄所抱持的態度才會比較明顯的透露出來。

　　首先，王夫之所謂的「夷狄」不等於現在中國境內的少數民族，而且他心目中之「夷狄」的名稱及分布和明朝末年時的實際情況亦有出入❸❺。王夫之除了對湘西及廣西之少數民族有親身之認識外❸❻，他的「夷狄」的知識全都來自書籍。因此他延續傳統的觀念，以爲世界大致上是方形的，而中國（即「九州」）居中間的地位，旁邊被異民族環繞著。但是王夫之所謂的「華夏」並不等於今日我們所了解的「漢民族」，因爲他認爲居住在「九州」之內的「夷狄」，如「潞甲之狄，淮浦之夷，陸渾之戎」，並不是眞正的夷狄。他們其實「民皆中國之民，君皆諸侯之君。世降道衰，陷於非類」，才成爲夷狄的❸❼。王夫之用以區別華夏與夷狄的尺度不是種族的，而是文化的判準。他從歷史的觀點來看文明的消長，而指出春秋時有部份「華夏」墮落成夷狄，而且明朝以來「地氣南徙」，江浙一帶，成爲了文明的中心，福建、

---

❸❺　齊藤禎：〈王夫之「華夷」思想〉，《山口大學文學會誌》第 41
　　輯，1990 年，頁 160-167；朱浤源、朱榮貴、蔣秋華合撰：〈王夫之
　　民族思想重觀〉，《王船山學術研討會論文集》，頁 218-220。

❸❻　例如在《思問錄外篇》，他說：「乃今廣西桂平、潯、梧之間有獷人
　　者，習于刀耕火種，勤苦耐勞，徙以府江左右，皆不毛之土，無從得
　　耕，故劫掠居民行旅以爲食。」（頁 455）

❸❼　《宋論》，卷 6，《船山全書》，第 11 冊，頁 175。

廣東、廣西、雲南等地都有很高的文化水準，不再是蠻夷之邦了
❸。因此王夫之的民族觀實際上是一種「文明論」，並不是以血
緣爲基礎的「種族論」。

一般學者認爲王夫之把夷狄視爲「虎狼逢薑」，所以「殲之
不爲不仁，奪之不爲不義，誘之不爲不信」❸。這個立論誠屬激
烈，不但顯示了入骨的仇恨，更不把夷狄當人類看待。大多數學
者均據此隻言片語便論斷王夫之有強烈的民族思想。然而我們不
禁要問，身爲儒家的王夫之難道會殘忍到將所有的夷狄都認爲是
可以任意宰割的禽獸嗎？夷狄雖然不是和漢人同族類，難道是可
以任中國人肆意傷害的虎狼或禽獸嗎？王夫之是否主張由於夷狄
沒有仁義道德，所以就可以被我們當做野獸看待？

王夫之認爲中國可以欺騙殺戮夷狄是因爲「信義者，人與人
相於之道，非以施之夷狄也」❹。王夫之舉宋襄公（公元前 650-
637 在位）與楚國之盟的例子來說明楚國不講信義而宋襄公卻
「秉信義以與楚戰」，結果「兵敗身傷，而爲中國羞」❹。於是
王夫之反問：「於楚且然，況其與狄爲徒，而螯最及人者乎？」
王夫之用這個歷史事件來說明宋襄公是一個鄉愿，不懂得實際政
治之厲害。而且雖然夷狄不知信義，可是中國要殺戮夷狄主要的

---

❸　《思問錄外篇》，《船山全書》，第 12 冊，頁 468。

❸　《讀通鑑論》，卷 4，頁 52，「漢昭帝」。

❹　同上，頁 51，「漢昭帝」。

❹　同上。

原因是因爲夷狄要滅亡中國，要「螫最及人」。因此王夫之視夷狄爲虎狼，是出於夷狄與中國處於敵對的狀況下而立論的。相同的，中國人中的君子與小人相處之道也是依據「以德報德，以直報怨」❷的原則。否則君子就成了鄉愿。

因此我們不能同意王夫之將所有的夷狄一概視爲禽獸，可以將他們趕盡殺絕。在論述漢昭帝時，王夫之稱讚金日磾（公元前134-86），說他「可爲大臣，德威勝」❸。雖然金日磾是投降漢人的夷狄，卻是一位君子。可是王夫之嚴厲指責霍光（公元前68 年卒）「弒后謀逆」，「不學無術」。霍光雖是中國人，卻是奸臣小人，遠不如金日磾這個「夷狄」。所以王夫之對付夷狄的手段是基於很簡單的實際政治的考量，而不是基於對夷狄之種族仇恨。其實在這點上王夫之和孟子視楊、墨爲「洪水猛獸」沒有什麼不同❹。孟子攻楊、墨是由於楊、墨所持的議論學說。相同的，王夫之視夷狄爲虎狼是由於夷狄侵略中國的行爲。在華夏與夷狄之間存在有敵意時，中國殺伐夷狄是自衛的正當手段。「夷狄非我族類者也。蟊賊我而捕誅之，則多殺而不傷吾仁。如其困窮而依我，遠之防之，猶必矜而全其生。非可乘約肆淫，役

---

❷　《論語·憲問篇》。

❸　同上。

❹　《孟子·滕文公下》：「楊氏爲我是無君也。墨氏兼愛是無父也。無父無君是禽獸也。」

之賤之而視爲利也。」❹所以我們不能誤解王夫之，以爲他主張
要將夷狄趕盡殺絕。其實他對待夷狄的方式是很合理的，完全看
夷狄對待中國的態度而因應。戰爭時則殺夷狄，和平時則設防夷
狄，而且甚至要輔助夷狄。

歸根究底，夷狄和小人「均是人也」❻。夷狄只不過是爲利
慾所勝的人。「盜賊之與夷狄亦何以異族人哉？志於利而以動人
者惟利也。」❼王夫之在此顯示了他的儒家本色。道德的裁判終
究比種族的差別、文化的歧異來得重要多了。夷狄和小人一樣，
基本上是由於在道德上有缺失而墮落的人。

王夫之認爲夷狄中「自有其貴賤」，夷狄也有像金日磾這樣
的好人。而且王夫之的論點側重在「防」，及維持夷狄與華夏之
界線，因此王夫之雖然有漢民族的優越感，在對待夷狄的外交策
略上，他帶有井水不犯河水的胸懷，完全和所謂的「文化沙文主
義者」不同。這點我們必須承認王夫之早在十七世紀即有如此恢
閎的氣度與開放、自由的精神。

文明與野蠻之分野

王夫之對華夏的定位帶有文明與野蠻的價值判斷。他雖然受

---

❹　《讀通鑑論》，卷 12，頁 224，「東晉帝弈」。

❻　同上，卷 14，頁 257，「東晉哀帝」。

❼　同上，卷 24，頁 502-503，「唐德宗」。

到時代的限制，不免有「大中國主義」的看法。但是值得強調的
是他的文化優越感不是立基在狹窄的種族主義之上。因此王夫之
的民族思想和所謂的「種族中心論」（ethnocentrism）有極大的
差異。

首先王夫之認為「文明」不是「中國」的代名詞。在黃帝之
時，中國不是唯一文明的國家❽。而且「中國之天下，軒轅以
前，其猶夷狄乎？太昊以上，其猶禽獸乎」❾？王夫之以「文
質」（文化與純樸）的觀念來解釋文明的迭移有興衰消長，以此
做為文明與野蠻的分野。

> 禽獸不能全其質，夷狄不能備其文。文之不備，漸至於無
> 文，則前無與識，後無與傳，是非無恆，取舍無據。所謂
> 饑則呴呴，飽則棄餘者，亦植立之獸而已矣。魏、晉以
> 降，劉、石之濫觴。中國之文明乍明乍滅。他日者必且陵
> 蔑，以之於無文。而人之返乎軒轅以前，蔑不夷矣。文去
> 而質不足以留，且將食非其食，衣非其衣。食異而血氣
> 改，衣異而形儀殊，又返乎太昊以前，而蔑不獸矣。至是
> 而文字不行，聞見不徵，雖有億萬年之耳目，亦無與徵之

---

❽ 「天地之氣衰旺，彼此迭相昌也。太昊之前，中國之人若麇聚鳥集。
　非必日照月臨之下而皆然也。必有一方焉如唐、虞、三代之中國
　也。」《思問錄外篇》，頁 467-8。

❾ 《思問錄外篇》，頁 467。

矣。此爲混沌而已矣。⑩

中國人雖然由禽獸、夷狄進化到有文明的華夏之人，也可能由於失掉文明而退化成有質無文的夷狄，或甚至禽獸。文明因此不是永恆的存在，也不是華夏的專利。這種超越種族的「文明論」在黃宗羲的《留書》中亦可看到。

王夫之對華夏與夷狄的分別和今日我們所謂的「漢人」和「少數民族」的分別不相同。從現代的觀點來看，王夫之的「夷狄觀」是「華中有夷，夷中有華」⑪。因此嚴格的來說，他的「漢人優越說」只可說是超越種族的「文明論」。

同化夷狄的問題

一個國家的文明程度往往視其如何對待弱小民族而定。王夫之既然肯定夷狄是非我族類的人類，而夷狄相對於中國又未必一定居於弱小民族的地位，王夫之自然必須提出他的「待夷之道」。他的主張可分成亂世或是太平以及中國之外之夷狄或是中國之內之夷狄兩種情況來論。亂世時往往是夷狄與中國處於敵對狀況，而且往往是夷狄強、中國弱，才造成亂世。此時王夫之當

---

⑩　同上。

⑪　朱浤源、朱榮貴、蔣秋華合撰之〈王夫之民族思想重觀〉對這點有詳細之論證，請參考。

然採取自衛自救的政策，要驅除韃虜，保種保國。而且也在這種
異族入主中國的情況下，王夫之爲了保衛漢人的文化傳統，主張
將異族漢化。但是同化夷狄的政策只是「權」，即是爲了因應緊
急、危險的狀況而採取的非常措施，不是「經」。在治平世的時
候，王夫之不主張同化夷狄，而主張各民族和平相處，互相尊
重。在同化政治上有經與權的分別和以上王夫之論夷狄的言論是
一致的。

　　對於居住在「九州」（即《黃書》所謂之「中區」）以外的
夷狄，王夫之主張採取「王者不治夷狄」之和平共存政策。至於
「九州」境內的夷狄，他則主張將其同化❺❷。前者是王夫之基於
「天有殊氣，地有殊理，人有殊質」❺❸的一貫主張，目的是想達
到「彼無我侵，我無彼虞，各安其紀而不相瀆」❺❹。但是「九
州」之內的夷狄原本是中國人，後來被「蠻夷化」了。因此王夫
之的華化政策由他看來不過是恢復「九州」內之「假夷狄」的原
本文化水平。他說：

　　　　且夫九州以內之有夷，非夷也。古之建侯也萬國，皆冠帶
　　　　之國也。三代之季，暴君代作，天下分崩。於是而山之

---

❺❷　「以中夏之治夷，而不可行之九州之外者，天也。其不可不行之九州
　　　之內者，人也。」（《宋論》，卷6，頁175）
❺❸　《宋論》，頁174。
❺❹　同上。

陬，水之濱，其君長負固案立而不與朝會，因異服異制以
趨苟簡。至春秋時，莒、杞皆神明之裔，爲周之藩臣，而
自淪於夷。則洛甲之狄，淮浦之夷，陸渾之戎，民皆中國
之民，君皆諸侯之君。世降道衰，陷於非類乎。❺❺

　　我們自然可以質問王夫之要強迫中國境內的少數民族華化是
否無視他們的民族獨立性❺❻。齊藤禎以爲王夫之主張用武力的手
段教化夷狄似乎是過激之詞❺❼。我認爲王夫之是說如果少數民族
的酋長都是暴君的話，則可以用武力將其推翻。但是並非所有的
酋長都是暴君，所以我們不能推論王夫之主張用野蠻的手段，把
文明帶給這些少數民族。「苗夷部落之魁，自君於其地者，皆導
其人以駤戾淫虐，沈溺於禽獸，而掊削誅殺，無間於親疏。仁人
固弗忍也。則誅其長，平其地，受成賦於國，滌其腥穢，披以衣
冠，漸之摩之，俾詩書禮樂之澤興焉。於是而忠孝廉潔，文章政
事之良材，乘和氣以生。夫豈非仁天下者之大願哉？」❺❽王夫之
在此所論及的是北宋神宗（1068-1085 在位）時的狀況，至於他
本人與湘西少數民族之接觸以及對他們的看法則值得進一步研

---

❺❺　《宋論》，卷6，頁175。

❺❻　參見齊藤禎：〈王夫之「華夷」思想〉，《山口大學文學會誌》第41
　　　輯，1990年，頁155-174。

❺❼　同上，見頁165，166。

❺❽　《宋論》，卷6，頁174-175。

究。

王夫之基本的立場是各民族應該各自保存其習俗、文化與制度，各安其居，彼此尊重，彼此互不干涉。民族之間的關係要像「魚相忘於江湖，人相忘於道術」。所以「兩相忘也，交相利也」❺❾。這種肯定文化多元性、尊重民族自主權的看法，雖然仍然帶有漢民族為最優越的民族之意識，可是已經走出了大國「文化沙文主義」的陰影，而提出各民族應該和平共處的理念。《黃書》中說萬物應該「自畛其類」，應該堅守「地維」的思想和這種民族共存的理念是相吻合的。因此王夫之不贊成同化夷狄，因為將夷狄漢化不但會危害中國，而且會弱化夷狄本身的國力，對雙方面都沒有好處。

> 夷狄之疆也，以其法制之疏略，居處衣食之粗獷，養其驃悍之氣，弗改其俗而大利存焉。然而中國亦因之以免於害。一旦革而以中國之道參之，則彼之屬害相半矣。其利者可漸以雄長於中國。而其害也，彼亦自此而弱矣。❻⓪

對於幫助異族統治中國，採取「用夏變夷」❻①的政策以延續

---

❺❾　《讀通鑑論》，卷28，頁614，「五代上」。

❻⓪　同上。

❻①　語出自《孟子‧滕文公上》。

中國文化傳統的人，王夫之稱之為「敗類之儒」。他們「為夷狄
盜賊之羽翼，以文致之為聖賢，而恣為妖妄，方且施施然謂守先
王之道以化成天下，而受罰於天，不旋踵而之」㉒。王夫之悲憤
地說：「女真、蒙古更主中國，而北面事之者，皆猥類無行之鄙
夫，無有能如崔浩（450 年卒）之不惜怨禍以護士大夫之品類
者，而古道掃地無餘。」㉓王夫之受制於自己反滿清的情緒，無
法給予像許衡（1209-1281）這種掙扎於「治統」與「道統」之
間的儒者較公允的評價，顯現出他的立場有較偏頗之處。我們也
可從此看出他堅守「夷夏大防」嚴厲到什麼地步了。

王夫之雖然沒有「高尚的野蠻人」的看法，但是他主張異族
應該自安於他們獨特的生活方式，不要讓他們知道「有城郭之可
守，墟市之可利，田土之可耕，賦稅之可納，婚姻仕進之可榮」
㉔。他們沒有習染這些「文明」的氣習，就不會窺視中國，進而
侵略中國。從歷史的教訓中，王夫之指出曹操（155-220）「遷
匈奴餘眾於河西，婚宦寢食居處便其俗，而雜用中國之法」㉕。
可是卻開了後來「懷愍之禍」。相反的，漢光武帝（25-57 在
位）「閉關而河湟鞏固。天地設險以限華夷。人力不通，數百

㉒　《讀通鑑論》，卷 13，頁 409，「東晉成帝」。
㉓　同上，卷 15，頁 495，「宋文帝」。
㉔　同上。
㉕　同上。

里而如隔世。目阻心灰，戎心之所自戢也」❻。

但是在中國強大之下，而且為了避免重蹈戰國時期吳國與晉國「起用夷禮」的錯誤，中國應該採取較積極的政策去「揚其（指夷狄）潔，傾其淬。冠昏飲射以文之，哭踊虞祔以哀之。堂廉級次以序之，刑殺征伐以整之」❼。我們應注意王夫之主張同化異族的原因主要是為了避免中國人被異族同化，和他主張民族應該和平共存的大原則是一致的。

發展論的歷史觀

王夫之對歷史發展之過程的看法有其獨特之處。儒家典型的歷史觀是以三代為理想的黃金時代，而三代以後的歷史永遠比不上遠古時代的燦爛輝煌。這種歷史觀雖然不是主張歷史的展開是退化的，但是它卻以過去的典章制度來衡量歷史進步的程度。王夫之脫離了先前儒家的歷史觀，而主張歷史的演變是不斷創新，迴顧發展的。因此一代勝過一代。春秋時期的社會情況比三代好，戰國時期又比春秋時期好。文明以此日進。所以王夫之就有「治唐、虞、三代之民難，而治後世之民易」❽的結論。

---

❻　同上。

❼　《黃書》，「原極」，頁 1 上下。《黃書》是王夫之較早期的作品，在同化政策上是否和他的晚年定論之《讀通鑑論》有消極與積極之別，值得進一步研究。參見《王夫之民族思想重觀》，頁 223-225。

❽　《讀通鑑論》，卷 20，頁 412，「唐太宗」。

在這種前瞻性發展論的歷史觀下，我們來看王夫之如何論歷史上之治亂與夷狄入主中國的問題會有特殊的意義。

王夫之以中原（「中區」）之氣之合離來解釋歷史之治亂。中原由於地位居中，加上山川形勢優秀，凝聚成自然之氣。氣合的時候即是治世。當氣「循其不得已」時[69]，即其自然之性被破壞，不得不改變時，就是氣離的時候。此時即是亂世。氣合離相循是歷史進展不變之定律。「合極而亂，亂極而離，離極又合，合而後聖人作焉，受命之符，握樞表正，以凝保中區之太和自然之節，不得已之數也。天且弗能違，而況于人乎。」[70]此外氣之離和跟氣之純雜有一定的關連。「離合之消，純雜變之。純以紹合，雜以紹離。純從同，雜亂異。」[71]從這種氣之循環的歷史觀來看，異族統治中國是不可避免的事。如果王夫之可以接受歷史上金或蒙古統治中國的事實，在理論上他也可以接受滿清取代明朝，統治中國的現況。這種歷史的命定論允許他忍受明朝破亡之苦痛，也同時給他消除雜氣、重生純氣的希望。他撰寫《黃書》的目的就是要提供恢復「軒轅之治」的藍圖[72]。

---

[69]　《黃書》，頁 19 下。

[70]　同上，頁 20 下。

[71]　同上，頁 21 下。

[72]　同上，後序，頁 1 下。但是王夫之在《黃書》內不免有漢文化之優越感，因此要「植其弱，掖其彊，揚其潔，傾其滓。冠昏飲射以文之，哭踊虞祔以表之。」（頁 2 上）這種大中華的文化優越感在《讀通鑑論》中似乎就少見了。

正統論

儒家基本上主張政權的轉移有一定的連續性，因此天命（即統治權）由一個朝代傳到下一個朝代，連續不斷。董仲舒（公元前 179-104）的「三統論」和司馬光（1019-1066）的《資治通鑑》根本上都採取此觀點來解釋歷史上政權轉移的正當性[73]。王夫之反對此傳統的「正統論」，以為不論從「正」（正當性）或「統」（連續性）來看，過去朝代的嬗變都不合乎這兩個原則。在《讀通鑑論》卷末的論述中，他有很精湛的說明。

對他來說，「統者合而不離，續而不絕之謂也」[74]。然而歷史上治亂相循，天下總是一合一離，「離矣而惡乎統之。絕矣而固不相承以為統」[75]。所以要講「統」是沒意義，和「統」的本義互相矛盾的牽強之舉。「正」的情況也是一樣。「天下之生一治一亂。當其治，無不正者以相干，而何有于正。當其亂，既不正矣。而又孰為正。有離有絕固無統也，而又何正不正邪？」[76]王夫之很明顯的拋棄了道德主義的手筆來評論政權的正當性。他

---

[73]　參見饒宗頤：《中國史學上之正統論——中國史學觀念探討之一》（香港：龍門書店，1977 年；臺北：宗青圖書出版公司影印，年月不詳）；趙令揚：《關於歷代正統問題之爭論》（香港：學津出版社，1976 年）。

[74]　《讀通鑑論》，卷末，「敘論一」，頁 1107。

[75]　同上。

[76]　同上。

主張能使天下太平的政權本身就具有正當性，因此他的論點似乎帶有「功利主義」的意味，而且允許人以不道德的手段奪取政權，統一中國。

> 論之不及正統者，何也？曰：正統之說，不知其所自昉也。自漢之亡，曹氏、司馬氏乘之以竊天下，而爲之名曰禪。於是爲之說曰：「必有所承以爲統，而後可以爲天子。」義不相授受，而強相綴繫以揜篡奪之跡；抑假鄒衍五德之邪說與劉歆曆家之緒論，文其詖辭；要豈事理之實然哉？**⑦**

所謂的「正統論」背後隱含了「私天下」的政治陰謀，即「天下」被視爲皇帝個人的財產。所以王夫之主張要「公天下」，以爲「天下非一姓之私也」**⑱**。誰能帶來治平之世，誰就有正當的統治權。「崛起以一中夏者」**⑲**，即便是異族，只要把國家治理好，就是合法的政府。爲臣相的人根本不必要「必私其君父，則宗社已亡，而必不忍戴異姓異族以爲君」**⑳**。所以「正

---

⑦ 同上，頁 1106。

⑱ 同上。《黃書》亦曰：「不以一人私天下，不以天下私一人。」
（〈宰制第三〉，頁 519）

⑲ 同上，頁 1107。

⑳ 同上，頁 1107。

不正，人也」❸。在此他似乎連儒家不事貳朝的大原則也否定掉了。

厭惡滿清之情緒很深的王夫之在晚年能做出如此的「正統論」是很值得我們注意的。一方面他已經走出自己感情的束縛，而能對歷史與當前的政局加以冷靜、合理的思考。另一方面，他和同時代的黃宗羲一樣，揚棄了道德主義「正統論」的枷鎖，而以「公天下」的思想來重新考慮帝制的合法性與正當性。既然天下不是一家一姓所私有，異族若能將天下治理得好，有什麼理由不承認他們的政權之正當性？在此我們不得不推想歷經了「天崩地解」的王夫之一定體會到社會局勢由晚明的大亂漸漸走向安定的過程。他雖然沒有明白承認滿清政權的正當性，可是由他「公天下」的思想以及「天命」是靠人的努力而得來的主張❸，我們可以推斷他不得不承認及接受滿清統治中國的正當性。

---

❸　同上，頁 1108。

❸　在〈君相可以造命論〉中（《薑齋文集》，卷 1，頁 3 下-4 下），王夫之贊成李泌（722-789）的說法，主張天命是可以由君主和臣相努力去獲得來的。這和他論正統的話可以互相表明。《黃書》成於順治 13 年 3 月（1656 年），王夫之當年 38 歲。此乃〈後序〉完成時的年月。此書是他反省明朝滅亡的原因所提出的經世言論。《讀通鑑論》是王夫之晚年的史學鉅著。王夫之康熙 26 年（1687 年）69 歲時開始撰寫，康熙 31 年（1691 年）4 月成稿。當時他 73 歲，距離他去世時僅有 8 個月左右。

黃宗羲之《留書》

　　黃宗羲表現在《留書》[83]中的民族思想和王夫之有許多互相呼應之處。由於黃宗羲主動的迴避與門人弟子的刪改，我們已經無法窺見他的反滿清言論和論「華夷之辨」之全貌。被埋沒了二百多年，到近年來才重新「出土」的《留書》提供了一些重要的線索，使我們得以更加了解明末遺民之思想與心境。現存的《留書》有五篇，其中和民族思想直接有關的是〈文質〉、〈封建〉和〈史〉這三篇[84]。在〈史〉這篇裏黃宗羲反對五代（907-960）和元朝(1271-1368)在歷史上被承認爲正統，直接觸及了「華夏之辨」的問題。

---

[83]　關於《留書》的發現及考證，見吳光：〈明夷待訪錄與留書合考〉，載《黃宗羲著作彙考》（臺北：臺灣學生書局，1990 年），頁 1-10。《留書》目前有三個版本；(1)北京中國科學院圖書館藏本，僅有〈文質〉和〈封建〉兩篇，而且後者亦不全。文見《黃宗羲全集》第 1 冊，頁 416-420。(2)寧波天一閣藏本，有 5 篇。駱兆平整理及標點，發表於《文獻》1985 年第 4 期，頁 67-74。(3)山西省文物局所藏傅增湘藏本，有 5 篇。小野和子校對，載於〈傅增湘藏『黃梨洲先生留書』〉，《清朝治下的民族問題國際關係》（1991 年），頁 46-52。《留書》的版本以小野所整理者最佳。以下的引文即採用此本，不另外分別註明。對《留書》的研究最精湛的是小野和子，參見她的〈《留書》思想〉，《明末清初期的研究》（1989 年 3 月），頁 503-545。至於《留書》的眞實性似乎已經成了定局。考證的問題超出了本文的範圍，故不在此討論。

[84]　其他兩篇爲〈衛所〉和〈朋黨〉。

中國之與夷狄，內外之辨也。以中國治中國，以夷狄治夷

狄，猶人不可雜之於獸，獸不可雜之於人也。是故即以中

國之盜賊治中國，尚為不失中國之人也。⑧

黃宗羲不肯把統治中國的權力授與異族，和王夫之的「不可
使夷狄間之」的主張相似。但是王夫之有很細密的歷史觀和正統
論，使我們了解他不是完全排除異族入主中國一定不可能獲取合
法的統治權。我們卻無法了解黃宗羲所主張的寧可讓「中國之盜
賊治中國」，而不允許夷狄治中國的說法之全部含意。他的文字
太簡略，我們因此無法做太多的推論。例如黃宗羲要廢除《元
史》，將其列入《宋史》的〈四夷傳〉內。可是元朝 89 年的歷
史空白要如何填補，他則沒說⑧。至少在中國與異族互相不干
擾，各自和平相處的這點上，他和王夫之是一致的。

對於歷史上中國長期被夷狄佔領或統治，黃宗羲以為這是秦
朝（公元前 221-207）廢除封建制度的緣故。他說：

自三代之後，亂天下者無如夷狄矣，遂以為五德沴眚之

運。然以余觀之，則是廢封建之罪也。秦未有天下，夷狄

之為患於中國也，不過侵盜而已。……即秦滅六國，然後

---

⑧　〈史〉，頁 52。

⑧　參見小野和子，〈《留書》思想〉。

竭天下之力以築長城，徙謫戍以充之。於是天下不勝其苦，起而亡秦。……自秦至今一千八百七十四年，中國爲夷狄所割者四百二十八年，爲所據者二百二十六年。即號爲全盛之時，亦必使國家之賦稅十之三耗於歲幣，十之四耗於戍雜，而又薦女以事之，卑辭以副之，夫然後可以僅免。乃自堯以致於秦二千一百三十七年，獨無所事。此何也？豈夷狄怯于昔而勇於今哉？則封建與不封建之故也。[87]

　關鍵在於「廢封建則兵民不得不分。分兵民則不得不以民養兵。以民養兵，則天下不得不困」[88]。於是造成國勢衰弱，異族入侵的後果。由於這種歷史因素，我們可以了解黃宗羲視夷狄爲可能的侵略者而加以仇恨的心態。但是在〈文質〉篇裏，他在理論的層次上以文明與野蠻來界分華夏與夷狄，提出和王夫之類似的超越種族主義的「文明主義」[89]。他們都認爲社會的衍變可以進步，也可以退步。文明與野蠻完全依賴人類的努力。黃宗羲反對蘇洵（1009-1066）所主張的文明的推進依據「忠質文」三階段前進的理論。

---

[87]　〈封建〉，頁 48。

[88]　同上，頁 49。

[89]　參見小野和子，〈論《留書》〉，《浙江學刊》，1992 年，第 2 期（總第 73 期），1992 年 3 月，頁 69-70。

蘇洵曰：「忠之變而入於質，質之變而入於文，其勢便
也。及夫文之變而欲反之於忠，是猶欲移江河而行之山
也。人之喜文而惡質與忠也，猶水之不肯避下而就高
也。」余以爲不然。夫自忠而至於文者，聖王救世之事
也。喜質而惡文者，凡人之情也。逮其相趨而之於質，雖
聖賢亦莫如之何矣。⑩

文明是聖人所創作的，而且在中國之外也有可能出現聖人，
產生文明。「是故中國而無後聖之作，亦未必不如魯、衛之士
也。」⑪所以黃宗羲在理論上是傾向於相對的文明論。文明的產
生不僅和種族沒有必然的關連，而且中國也未必一定永遠是文明
的中心。這種看法基本上和王夫之的民族思想是相同的。雖然黃
宗羲沒有像王夫之那樣明確地承認夷狄的文化有其自身之價值與
獨立性，但是他仍主張「以中國治中國」，「以夷狄治夷狄」，
表示同化異族不是可行之道，而且中國之文化優越也有其限制。

面臨滿清異族統治中國之敏感問題，黃宗羲避而不談。但是
從《留書》的內容來看，黃宗羲強烈的「華夷之辨」事實上含有
對異民族相當大的寬容性。

---

⑩　〈文質〉，頁46。
⑪　〈文質〉，頁47。

結　語

在以保持個人氣節爲重的明末遺民中，談「華夷之辨」或是「夷夏大防」者不乏其人。但是很少有人像王夫之從歷史、文化、政治等層面將此問題析釐清楚。例如實際投身武裝行動反對滿清政府長達二十年的張煌言（1620-1644）就過分囿於對魯王（朱以海，1618-1662, 1645-1653 爲監國）個人的忠心，使他不但對反清的力量做出不利的決定，也使他無法想透滿、漢衝突的問題㊙。雖然他也說「華夷豈堪雜處」，要「內夏外夷之防」㊚，可是他主要是出於對實際政治形勢之考慮，而缺乏王夫之對歷史與傳統所進行的全面之反思。

身爲明末遺民，而又以氣節傲世的王夫之，他反抗滿清的行動以及厭惡滿清的情緒廣爲學者所知。以上我嘗試從他的整體思想的架構中來檢討王夫之的民族思想。我有以下幾項結論：㈠基於實際政治的考慮，《黃書》中沒有直接批評滿清的言論。書中論及夷狄的文字應該放在他之「種類論」及「氣質論」的理論中來看。王夫之認爲夷狄是異族、異類，但是他不是從「種族」的

㊙　參見陳永明：〈張煌言的抗清思想〉，《九州學刊》，第 5 卷，第 3 期（1993 年 2 月），頁 25-36。張煌言反對鄭成功（1624-1662）攻取臺灣，也不向桂王（朱由榔，1646-1662 在位）稱臣，可說削弱了反清的力量。

㊚　同上，頁 25。

角度來分辨華夏與夷狄之不同，而是從文化上及道德上來做分別。王夫之了解歷史上治亂相循環，中國被異族統治是很常見的現象。他因此承認中國人是個很複雜的種族，所以他論「夷夏大防」不是從「種族認同」來談。「華夏」是文化（包括道德）的認同。㈡王夫之站在「公天下」的大前題下，主張政權的正當性及合法性完全要看政府是否能夠造福百姓，帶來治平之世。他反對用道德主義的尺度來判斷一個朝代是否具有正當性。因此他不排除異族可以入主中國，而獲得統治權的可能。在《讀通鑑論》序論中他也明白地說不必堅持不事異族的原則。至於經常被人扭曲誤解的「不可使異類間之」（即中國的政權不可以讓給異族來主使）的話，王夫之發此論的前題是各民族應該保存其固有文化（「各畛其類」），不要互相侵略或干涉。㈢在對待異族的態度上，王夫之的主張很開明，很容忍。他反對同化異族，認為各民族應該互相尊重，發揚及保存其固有的傳統。他不但沒有種族歧視的思想，要迫害異族，將他們趕盡殺絕，也沒有「文化沙文主義」的主張，企圖併吞弱小民族的文化。既然夷狄也是人類，我們就應該賦予他們最基本的權利與尊重，我們就應以人類待之。這就是儒家之仁道精神。了解這點，我們就了解王夫之不贊成挑撥民族之間的衝突，製造民族之間的仇恨，以達成某種政治目的。章炳麟以來的一些學者將王夫之描繪成一位講「民族主義」、「民族大義」的先驅者。他們或許無意將王夫之變成一位提倡種族仇恨的狂熱者，但是我們站在學術的立場，有責任為王

夫之澄清他的主張。㈣王夫之對滿清政權存有曖昧感。這種情結常見於明末遺民心中。當他們檢討明朝滅亡的原因時，他們往往悲憤交集，又充滿了強烈的無力感。王夫之本人就差點喪生在他所忠心的明朝的官員手中。相對之下，清朝異族的統治帶來社會的安定與繁榮。雖然朝廷使用文字獄等高壓手段來壓制知識份子的反抗，康熙皇帝（1662-1722 在位）開始大力提倡程朱學說，優惠士子，對明末遺民更是寵召不斷❾。這種社會情況與政治氣氛的改善對王夫之不能完全沒有影響，也自然地加深了他對滿清政府的曖昧感。

王夫之一生的著作很龐大，因此難免出現不甚一致的言論。從他的《黃書》、《思問錄》、《宋論》和《讀通鑑論》中，我們可以看出他的民族思想在氣的哲學之基本思想架構下，有一貫的主張。在親身體會到異族統治之痛苦之餘，他可以超越種族的歧視來討論「華夷之辨」的問題。在遭受到亡國之痛後，他可以深刻反省帝制的本質，而提出以「公天下」的原則做為建立「國家主權」的基礎。在面臨文化破產之危機時，他可以提出帶有相對論的文明觀，不認為中國永遠是世界的文明中心。我認為這些

---

❾ 關於康熙皇帝對李顒（1627-1705）、顧炎武（1613-1682）、黃宗羲等人的徵召，以及這些明末遺民的堅決反抗，請參看我的 "Scholarly Autonomy and Political Dissent of Local Academies in the Early Ch'ing". *Bulletin of the Institute of Chinese Literature and Philosophy* no. 3 (March 1993), pp.605-640.

都是王夫之身爲一位獨立性的思想家，在十七世紀所做的突破性的貢獻。在二十世紀即將結束的今日，偏狹的「民族主義」成爲世界動亂最大的根源，以及世界和平最嚴重的威脅。王夫之的文化多元論以及寬容、開放的民族思想或許可以做爲我們思考人類前途的素材。

錢穆論儒家之鬼神觀與祭祀論：一位徹底理性主義者的詮釋

謝良佐曰：「祖考精神便是自家精神。」

　　謝良佐的這句名言是宋明理學家談祭祀及鬼神時經常引用的話。他為儒家的終極關懷給予了一個新的詮釋角度，但也引來新的議題，即理學家是否相信祖先死後具有超肉體的存在，而可以影響人間的生活。謝良佐的另一句名言曰：「（鬼神）自家要有便有，自家要無便無。」❶這種說法似乎是在逃避問題而非提供答案。謝氏的老師程顥對同樣的問題似乎也給予模稜兩可的回答。程顥曰：「待向你道無來，你怎生信得。及待向你道有來，你但去尋討看。」❷在另一處他又說：「要與賢說無，何故聖人

---

❶　謝良佐：《上蔡語錄》（臺北：廣文書局，1980年），頁 30-31。

❷　謝良佐：《上蔡語錄》，頁 29。

卻說有。要與賢說有，賢又來問某討。」❸他們或許不願意落入問話的學生之成見中，而被迫在有鬼神或無鬼神的兩難式中選擇一個立場。朱熹（1130-1200）則全無這種顧慮。當他被學生問及謝良佐之「要有便有，要無便無」的話時，朱熹很直截的回答：「鬼神是本有底物事。祖先亦只是同此一氣，但有箇總腦處。子孫這身在此，祖宗之氣便在此。」❹因此朱子無疑的是贊成「有神論」。錢穆先生在這點上顯然和朱子的主張不同。在1995 年的〈中國思想史中之鬼神觀〉一文中，錢先生綜合他較早的看法，主張：「中國儒家思想如經典中所說，顯然主張一種無鬼論，亦可說是無神論。」❺錢先生進一步主張儒家的祭祀不過是爲了「慎終追遠」、崇德報功，不外是「臨祭者心理上的一番反映」❻。所以他想以「三不朽」的觀念代替宗教相信靈魂不滅的主張❼。

錢先生之〈中國思想史中之鬼神觀〉是以「無鬼論」、「無神論」的觀念來詮釋儒家對鬼神之觀念、靈魂存在及祭祀之意義。該文從子產之魂魄論起始，論述至王夫之的「鬼神之道以人

---

❸　引自《朱子語類》（北京：中華書局，1981 年），卷 3，頁 49。

❹　同上，頁 47。

❺　錢穆：〈中國思想史中之鬼神觀〉，《新亞學報》，創刊號（1955年），頁 9。

❻　錢穆：《靈魂與心》（臺北：聯經出版事業公司，1981 年），頁 10。

❼　同上，頁 19。

為主」的說法，綜論儒家的鬼神觀，可以說是構成錢先生「無神論」的基調，成為他以後討論儒家之精神價值、生命意義與宗教層面的最重要，也最扼要的著作。本文的主旨有三：首先我將討論錢穆先生如何立於「無神論」的基點來詮釋儒家傳統之鬼神觀，以及何以祖先崇拜及祭祀等儒家的禮儀仍舊有意義。我的討論將集中在錢穆先生有關宋明理學家之詮釋。第二，我將討論錢穆先生的詮釋是否和理學家的看法有不盡相合之處？最後我將從思想史的角度來探討錢穆先生之理性主義的詮釋如何反映他所處的時代背景。我以為從深入分析這一個議題，我們可以更加了解錢穆先生對儒家傳統及中國文化所擁有的理想與瞻望，我們亦可藉此更加認識他的學術成就與貢獻。

舊瓶裝新酒說？

由於近二，三十年來考古學之研究改寫了中國古代宗教史，我的論述不在於揭露錢穆的研究有那些地方可以借助當前的研究結果而加以修正❽，而是於從思想史的角度來討論錢先生對儒家傳統之鬼神與祭祀觀。總合的來說，他以為：「中國儒家思想，如經典中所說，顯然主張一種無鬼論，亦可說為無神論。其所謂神，僅指其人生前之魂，因其有一番情識作用，而及其死後，此

---

❽　例如他說：「春秋以後尸禮廢而像事興。」以及「古者不祭墓」等
　　（《靈魂與心》，頁 55、56、136），都是可以商量的主張。

種情識，仍能與其他生人之同具有情識者相感通，相接觸。若專說氣，則人死後氣已絕。」❾他亦稱這種觀點「無靈魂的人生觀」。所謂的靈魂他定義爲「外於形氣」或是「先於形氣」的「一種神靈」之存在。他說，中國的觀念「並不是外於此形氣，先於此形氣，而另有一種神靈或靈魂之存在。此一觀念，我們可爲姑定一名稱，稱之爲無靈魂的人生觀，當知此種無靈魂的人生觀，實爲古代中國人所特有，同時世界其他箇民族，似乎都信有靈魂，而中國思想獨不然」❿。中國當然不是有史以來就主張「無神論」。商、周時代仍是「有神論」的時代。即使孔子是人文主義及理性主義的啓蒙者，錢先生以爲，《論語》中仍有相信鬼神存在的話，例如「敬鬼神而遠之」（〈雍也篇〉），「未能事人，焉能事鬼」（〈先進篇〉），「非其鬼而祭之，諂也」（〈爲政篇〉）等。但是「代表孔、孟以下儒家思想者，均不指俗義之鬼神言。與《論語》中所言鬼神字，顯有不同」⓫。相同的，先秦典籍中有例如《左傳》有「伯有爲厲」之事⓬以及《楚辭》招魂的描述⓭，這似乎意謂：「人生在肉體外另有一靈體，

---

❾ 錢穆：〈中國思想史中之鬼神觀〉，頁9。
❿ 錢穆：〈中國思想史中之鬼神觀〉，頁4。
⓫ 錢穆：〈中國思想史中之鬼神觀〉，頁12-13。
⓬ 昭公七年。
⓭ 如宋玉〈招魂〉中之「魂魄離散，汝筮予之」，「魂兮歸來，去君之恆幹，何爲四方些」等。

可以游離肉體而自有其存在。」[14]但是錢先生以為：「先秦儒家心意中所謂之鬼神，後代經師說之，十分明確，斷不如一般世俗，指其離了肉體而另有一種靈魂謂之鬼神矣。」[15]這是因為人的「魂氣歸於天，形魄歸於地」[16]。「春秋時人有謂新鬼大，故鬼小。此謂歷時既久，鬼以必萎縮而盡也。」[17]所以「人死為鬼亦暫時事，終必漸滅以盡，不能在人世常有其作用」[18]。

他認為：「子產不信人生在肉體之外另外有一靈體存在。故子產雖仍信人死可有鬼，但對鬼神觀念，則必然會因於子產此一番見解而引生出大變化……引出孔子的新的鬼神觀。」[19]先秦道家亦持相同的「無神論」[20]。此自然主義、人文主義、理性主義之「無神論」於是成為中國思想之正統。錢穆強調此「無神論」並非是一種宗教立場，而是一種「純形氣的人生觀」，或「無靈魂的人生觀」，或是「純形氣之宇宙觀」[21]。所以不需要依附於任何宗教體系，而完全立基於人的理性。

此自然的鬼神觀被宋明理學發揮地愈加精密細緻。錢穆說：

---

[14]　錢穆：〈中國思想史中之鬼神觀〉，頁 6。
[15]　錢穆：〈中國思想史中之鬼神觀〉，頁 8-9。
[16]　錢穆：〈中國思想史中之鬼神觀〉，頁 5。
[17]　《靈魂與心》，頁 113。
[18]　同上註，頁 115。
[19]　錢穆：〈中國思想史中之鬼神觀〉，頁 7。
[20]　同上註，頁 16。
[21]　同上註，頁 23。

「宋儒對鬼神，只當作一種道體看。」[22]他多次引述張載、程
顥、朱熹等人的話，反復闡述他們的「無神論」的觀點，例如張
載之「鬼神者二氣之良能也」及程顥之「鬼神者造化之跡」。錢
穆認為朱熹以後的儒者都是以氣之屈伸論鬼神。錢先生引朱熹的
話，「乾坤造化如大洪鑪，人物生生無少休息，是乃所謂實然之
理」來說明鬼神不過是自然造化之呈現，而祭祀是個人之氣藉以
和宇宙之大整體相通的方式[23]。個人因此體驗到和萬物一體，達
到天人合一之境界。

　　人死後，錢穆以為「魂氣歸於天，形魄歸於地」[24]。但是一
個人的「情識」或「魂氣」不會馬上消失。「人死即氣絕，但其
生前種種因氣而有之情識，則若存在若不存在，若消失若不消
失。譬如忠臣孝子，節烈婦女，其生前一番忠孝節烈，豈能說一
死便都消失不存在？此在中國古人則稱之曰魂氣。」[25]他又說：
「古來大偉人，其身雖死，其骨雖朽，其魂氣當已散失於天壤之
間，不在能搏聚凝結。然其生前之志氣德行，事業文章，依然在
此世間發生莫大之作用。則其人雖死如未死，其魂雖散如未散，
故亦謂之神。」[26]活人可以和未消失的魂氣或情識接觸、感應，

---

[22]　同上註，頁 24。

[23]　同上註，頁 34。

[24]　錢穆：〈中國思想史中之鬼神觀〉，頁 5。

[25]　錢穆：〈中國思想史中之鬼神觀〉，頁 10。

[26]　錢穆：《靈魂與心》，頁 115。

於是人覺得好像有「神靈光明」存在。他說：「因人生有情有識，故其死後，其生前種種情識，尚若浮游在於天地間，仍可與生人之情識相感觸，相通接，於是若有一種神靈光明。」❷這兩個世界接觸的橋樑是祭祀。「聖人設教，則設法把此魂與魄，即鬼與神，由種種禮的設備，求其重新會合，要它仍像生前一般。」❷但是錢穆認為，并非真的有兩個不同的世界存在。另外那個死後的世界其實是存在於人的想像中。所謂「祭神如神在」這話意謂：「在致祭者之想像中，似乎又見了死者之體魄，即死者之鬼，像真來降臨了。」❷祭祖時，「子孫後人見此牌位，即如睹先人，引起紀念回想種種心靈活動，則若鬼神之如在其上，如在其左右。故鬼神乃屬人在心靈世界中生活之所感觸，所想像，而靈魂則屬生活在物質世界中人所想像」❸。「臨祭者對於所祭者之心理上的一番反映，其是不啻為所祭者之一番復活。」❸既然祭祀的對象僅是祭祀者的心理反應，僅存在祭祀者的想像中，那它當然不是真實的存在。所以錢穆說：「靈魂之有其存在與否，早已為當時的中國人所淡漠。祭之所重，只在臨祭者心理

---

❷　錢穆：〈中國思想史中之鬼神觀〉，頁9。
❷　錢穆：〈中國思想史中之鬼神觀〉，頁11。
❷　錢穆：〈中國思想史中之鬼神觀〉，頁11。
❸　錢穆：《靈魂與心》，頁124。
❸　錢穆：《靈魂與心》，頁10。

上之一番反映。」❸換句話說，祭祀的目的是要喚起慎終追遠、崇德報功的心。從這個角度來看，錢穆以為中國之儒家只有人生論而無宗教，而且中國「可以不要法律，不要宗教，而另有其支撐點。中國社會之支撐點，在內為仁，而在外則為禮」❸。因此他總結的說：「中國思想史中所有的鬼神觀，其實盡只是一種人生觀，並由人生觀而直達通透到宇宙觀。宇宙人生，於此合一。」❸

儒家的舊說

儒家中和錢穆先生持相同看法者一定有。但是儒家之正統思想對鬼神、祭祀的見解是否就是錢先生之說則是可以討論之事。在儒家眾多的立場中，我將以錢穆先生最尊敬的朱熹為例，可是我也將涉及到程朱學派中具代表性的觀點。程顥對人死後有無靈體存在似乎持存疑、不置可否的立場。從以下的對話中我們可以看出：

余問死生之說。謝子曰：「人死時氣盡也。」曰：「有鬼神否？」謝子曰：「余當時亦曾問明道先生。」明道曰：

---

❸　錢穆：《靈魂與心》，頁10。
❸　錢穆：《靈魂與心》，頁25。
❸　錢穆：〈中國思想史中之鬼神觀〉，頁43。

「待向你道無來，你怎生信得。及待向你道有來，你但去尋討看。」謝氏曰：「此便是答底語。」㉟

　　朱熹以氣或靈氣論鬼神，不論鬼神是指天地造化之氣或是人死後遺留之魂魄之氣，他的立場都是很肯定的「有神論」。他認為鬼神有三種：造化之自然表現，所謂的妖怪或沈魂滯魄，以及回應人們祈禱之神明。雖然朱熹對超自然現象給予「合理」的解釋，說這三種鬼神都是「同一理」，但是他的「有神論」再明顯也不過了。然而錢穆僅論及朱子之造化之鬼神，對後兩種鬼神卻完全迴避。因此錢穆可以成全他的儒家「無神論」，但是似乎只部份的陳述了朱子的見解。朱熹說：「雨風露雷，日月晝夜，此鬼神之跡也，此是白日公平正直之鬼神。若所謂『有嘯於梁，觸於胸』，此則所謂不正邪暗，或有或無，或去或來，或聚或散者。又有所謂禱之而應，祈之而獲，此亦所謂鬼神，同一理也。」㊱

　　陰陽二氣如果正常，合「理」的運行則造就萬物。若氣之運行不正常，則產生雷斧、鬼火、妖怪等怪異現象。朱熹認為它們不是正理，但是完全不否定它們的存在。他說：「但人所常見，故不之怪。忽聞鬼嘯、鬼火之屬，則便以為怪。不知此亦造化之

㉟　　謝良佐：《上蔡語錄》，頁29。
㊱　　朱熹：《朱子語類》，卷3，頁34-35。

跡，但不是正理，故爲怪異。」❸因爲這種鬼是不正當的理，所以他說：「何曾見堯、舜做鬼來！」❸朱熹的弟子陳淳在《北溪字義》中論鬼神時，特別設妖怪一項，而且提出妖怪怕人的有趣說法。陳淳說：「天地間亦有沈魂滯魄，不得正命而死者，未能消散，有時或能作怪。但久後自當消耳。亦有抱冤未及雪者，屢作怪，纔發覺便怗然。」❸因此在程朱學派中，承認有妖怪鬼神的存在是很普遍的。此外鬼神有靈力，會報應人乃是因爲它們從供品種獲得生物之靈氣。「大抵鬼神用生物祭者，皆是假此生氣爲靈。古人釁鐘、釁龜，皆此意。」❹伯有可以爲厲，朱熹認爲是因爲他「用物宏，取精多，族大而強死，故其氣未散耳」❹。爲厲和靈驗都基於相同的原理，即生氣強壯。祭鬼神是如此，朱熹以爲祭祖、祭孔亦如此，即提供所祭祀的對象靈氣，使他們的氣不至於因爲時間久遠而消散掉。

　　活人之氣可以和天地之氣相接，更可以感通已死之人的氣。「鬼神只是氣。屈伸往來者，氣也。天地間無非。人之氣與天

---

❸　　朱熹：《朱子語類》，卷3，頁37。

❸　　朱熹：《朱子語類》，卷3，頁43。

❸　　陳淳：《北溪先生字義詳講》（臺北：廣文書局，1979年），頁216。

❹　　朱熹：《朱子語類》，卷3，頁54。

❹　　朱熹：《朱子語類》，卷3，頁44。

地之氣常相接，無間斷，人自不見。」[42]這是祭祀感格之理，也是祭祀之目的與意義。朱熹說：「人死雖終歸於散，然亦未便散盡，故祭祀有感格之理。先祖世次遠者，氣之有無不可知。然奉祭祀者既是他子孫，畢竟只是一氣，所以有感通之理。」[43]而且「以我之精神感彼之精神，蓋謂此也。祭祀之禮全是如此」[44]。「古人立尸，便是接鬼神之意。」[45]「古人立尸，也是將生人生氣去接他。」[46]所以祭祀要立尸。招復、立主也是要攝取、接續子孫的生氣或靈氣。朱子在《朱子語類》卷三對祭祀之意義有很詳盡的論說，我以為以下兩則最能表達他的意思：

> 「人死，雖是魂魄各自飛散，要之，魄又較定。須是招魂來復這魄，要他相合。復，不獨是要他活，是要聚他魂魄，不教便散了。聖人教人子孫常常祭祀，也是要去聚得他。」[47]
>
> 問：「死者魂氣既散，而立主以主之，亦須聚得些子氣在這裏否？」曰：「古人自始死，弔魂復魄，立重設主，便

---

[42] 朱熹：《朱子語類》，卷3，，頁34。

[43] 朱熹：《朱子語類》，卷3，頁37。

[44] 朱熹：《朱子語類》，卷3，頁47。

[45] 朱熹：《朱子語類》，卷3，頁50。

[46] 朱熹：《朱子語類》，卷3，頁50-51。

[47] 朱熹：《朱子語類》，卷3，頁50。

是常要接續他些子精神在這裏。古者鑽龜用牲血，便是覺
見那龜久後不靈了，又用些子生氣去續接他。《史記》上
〈龜莢傳〉，占春，將雞子就上面開卦，便也是將生氣去
接他，便是鑽龜之意。」又曰：「古人立尸，也是將生人
生氣去接他。」❹

因此祭祀除了錢穆所強調的慎終追遠、崇德報功的社會功能
之外，從理學的觀點來看，祭祀最重要的目的還是期望自己的祖
先「不獨是要他活，是要聚他魂魄，不教便散了」。謝良佐也說
鬼神繼續的存在操在活人的手上。「致生之，故其鬼神。致死
之，故其鬼不神。何也。人以為神則神，以為不神則不神矣。」❹
祭孔的原理和祭祖一樣。朱熹說：「今祭孔子必於學，其氣類亦
可想。」❺這是因為學子的氣可以和孔子的氣相接，孔子的神可
以聚集學子的氣。如果不是讀書人祭孔，則「神不歆非類」。彼
此都無意義。由靈氣的觀點來看，謝良佐之名言：「祖考精神便
是自家精神。」❺更加能夠突顯儒家祭祀觀之宗教性。古人祭山
川，是要「求諸陰陽四方上下。蓋是要集自家精神。所以格有廟

---

❹　　朱熹：《朱子語類》，卷3，頁50-51。

❹　　謝良佐：《上蔡語錄》，頁37。

❺　　朱熹：《朱子語類》，卷3，頁52。

❺　　謝良佐：《上蔡語錄》，頁30-31。

必於萃與渙言之」**❺❷**。集生氣或靈氣可以說是儒家祭祀論之最基本的原理。

理學家論祭祀亦強調「心誠則靈」。陳淳曰：「有其誠則有其神，無其誠則無其神。此說得最好。」**❺❸**謝良佐亦曰：「自家要有便有，自家要無便無。」**❺❹**一個人心誠則動氣，「人心才動，必達於氣，便與這屈伸往來者相感通」**❺❺**。因此心誠也是由於生人之氣可以通達於鬼神的緣故。現代人是否可以接受朱熹或宋明理學家之鬼神觀、祭祀論是一回事。從思想史的角度來看，唯有我們更加了解過去傳統的原貌或原意，我們才可以站在傳統的肩膀上，面對現代化的挑戰，邁向未來。

結　語

錢穆先生盡其一生的學術生命為「故國招魂」**❺❻**。如果中國的魂和人一樣有「三魂」，則錢先生所招喚的這條「中國魂」可以說是「無神論的魂」。從以上的討論中，我們似乎可以確定「中國魂」還有一條是「有神論的魂」。漢代的儒者承認有鬼神

---

❺❷　謝良佐：《上蔡語錄》，頁 30-31。

❺❸　陳淳：《北溪先生字義詳講》，頁 201。

❺❹　謝良佐：《上蔡語錄》，頁 30-31。

❺❺　朱熹：《朱子語類》，卷 3，頁 34。

❺❻　余英時語，《猶記風吹水上鱗——錢穆與現代中國學術》（臺北：三民書局，1991 年），頁 29。

的存在或者極傾向如此主張是目前學術界的共識㊲。宋朝以來的理學家無論以氣言鬼神或是以理言鬼神，終究在祭祀的意義上認定有鬼神的存在。朱熹等儒者眞的是要通過祭祀的儀式招魂聚魄以免祖先的魂魄消失在天地公共的氣中，再也招喚不回，感格不來，遭到第二度，而且是永恆的死亡。所以朱熹說：「聖人教人子孫常常祭祀，也是要去聚得他。」因此祭祖的目的與意義絕非僅僅在於引起子孫感恩，「愼終追遠」的心理反應或想像力。傳統儒家所提倡的祭祀是一種宗教儀式，而錢穆所說的祭祀比較像是一種國民禮儀。

在和錢穆幾乎是南轅北轍的胡適之著作裏，我們可以看到錢先生論中國之鬼神觀之跡象。在一九四五年的一篇論〈中國人思想史中的不朽觀念〉的演講稿裏，胡適提出中國人以三不朽的觀念來代替靈魂不朽的看法，而且說，我們現代人應該「把這種古老的觀念重加闡釋，民主化或社會化。……這種學說可以得到一種現代的和科學的意義」㊳。因此胡適要將傳統的三不朽的觀念現代化之後才接受它。錢穆似乎並沒有強調要將傳統的三不朽的

㊲　Yü Ying-shin, "O Soul, Come Back! A study in the Changing Conceptions of the Soul and Afterlife in Pre-Buddhist China", *Harvard Journal of Asiatic Studies*. 1987: 12, pp.363-395.

㊳　胡適先生英文講稿，楊君實譯：〈中國人思想中的不朽觀念〉，《中研院歷史語言研究所集刊》，第 34 期，1963 年，頁 775-776。我在此感謝楊貞德博士提供給我有關胡適論三不朽的資料。

內容現代化，但是他基本上是贊同儒家以「三不朽」來取代靈魂不死的看法。

　　將祭祀「非宗教化」及以「三不朽」代替靈魂不滅的觀念指向錢穆和胡適另外一個相同之處，即主張宗教是迷信的、落後的，而人文主義和無神論是文明的、進步的。胡適以爲文明進步的軌道是由有神論發展到不可知論，最後由於人文主義及理性主義的發達，進步到無神論❺❾。所以他認爲孔子是不可知論者，孔子之後的儒者就「否認一切有關鬼神上帝的存在和眞實性」❻⓿。錢穆雖然認爲孔子仍舊相信有鬼神的存在，但是「孔、孟以下儒家思想者均不指俗義之鬼神，是一種無鬼論與無神論」❻❶。他標榜中國之無神論之優越不下胡適，而且認爲中國「可以不要法律，不要宗教，而另有其支撐點。中國社會之支撐點，在內爲仁，而在外則爲禮」❻❷。

　　錢穆對中國文明，尤其這儒家傳統，樂觀進取的態度毫無疑問的是他個人之學術生命的崇高表彰。從思想史的角度來看，亦可說是反應了現代化過程中衛護傳統文化之保守的聲音。但是「錢先生所追求的從來不是中國舊魂原封不動地還陽，而是舊魂

---

❺❾　〈中國人思想中的不朽觀念〉，頁 749-751。

❻⓿　同上註，頁 751。

❻❶　〈中國思想史中之鬼神觀〉，頁 12-13。

❻❷　錢穆：《靈魂與心》，頁 25。

引新魂」❸。他特別推崇儒家傳統中之理性主義，欲以「三不
朽」代替宗教之靈魂觀念，認爲儒家主張無神論，祭祀的目的在
於激起祭拜者的心理想像。這些主張絕非朱熹學說的翻版，而是
劃時代的新說。如果我以上的討論是正確的話，錢穆對儒家鬼神
觀所做的新詮釋就是他「舊魂引新魂」的一項努力。

　　「祖考精神便是自家精神」對現代的儒者可以只有理性主義
的涵義。但是我們必須了解，儒家傳統過去曾經有很豐富的宗教
儀式與信念。雖然今日幾乎所有的儒家禮儀都和現代人絕緣了，
而且我們也不可能恢復傳統的祭孔祭祖的儀式。可是如果我們將
儒學的傳統壓縮成單色的人生哲理似乎也很愧對儒學豐富的內容
與歷史。提示我們不要拋棄舊魂，而應該從舊魂中引出新魂，我
認爲是錢穆先生遺留給後代最珍貴的禮物。

參考書目

一、中文部份

方俊吉：〈從禮記之天地鬼神觀談儒家思想之體要〉，《孔孟月
　　　　刊》，第 23 卷第 9 期，1985 年 5 月，頁 19-20。

王初慶：〈左傳信鬼好巫辨——鬼神〉，《輔仁國文學報》，第
　　　　2 期，1986 年 6 月，頁 86-123。

王保雲：〈孔子對祭祀的態度〉，《孔孟月刊》，第 24 卷第 9

---

❸　　余英時語，《猶記風吹水上鱗——錢穆與中國現代學術》，頁 25。

期，1986 年 5 月，頁 9-13。

王恢：〈錢穆先生傳略〉，《中國書目季刊》，第 24 卷第 2
期，1990 年 9 月，頁 64-70。

王祥齡：〈儒家的祭祀禮儀理論〉，《九州學刊》，第 5 卷第 2
期，1992 年 10 月，頁 19-48。

王祥齡：〈儒家的祭祀禮儀理論〉，《孔孟學報》，第 63 期，
1992 年 3 月，頁 61-97。

王國維：〈生霸死霸考〉，《觀堂集林》，臺北：世界書局影
印。

田鳳臺：〈王充之天道與鬼神觀〉，《孔孟月刊》，第 20 卷第
5 期，1982 年 1 月，頁 30-37。

朱集林：〈周易祭祀道理〉，《中華易學》，第 9 卷第 4 期，
1988 年 6 月，頁 25-31。

朱熹：《朱子語類》，北京：中華書局，1981 年。

杜正勝：〈形體、精氣與魂魄～中國傳統對「人」認識的形
成〉，《新史學》，第 2 卷第 3 期，1991 年。

余英時：《猶記風吹水上鱗——錢穆與現代中國學術》，臺北：
三民書局，1991 年。

余英時：〈錢穆與新儒家〉，《中國文化》，第 6 期，1992 年 9
月，頁 1-23。

余英時：〈錢穆與新儒家〉，《新亞學報》，第 16 期（下），
1992 年 1 月，頁 99-128。

余英時：〈中國古代知識階層的興起與發展〉，《中央研究院成立五十週年紀念論文集》，臺北：中央研究院，1978年。

余英時：〈中國古代死後世界觀的演變〉，收入《中國思想傳統的現代詮釋》，臺北：聯經出版事業公司，1987年。

沈兼士：〈「鬼」字原始意義之初探〉，《國學季刊》，第5卷第3期，1935年。

周策縱：〈中國古代的巫醫與祭祀、歷史樂舞、及詩的關係〉（上篇、中篇），《清華學報》，第12卷第1/2期，1979年12月，頁1-59。

林伯謙：〈從阿寶一文中看蒲松齡藉鬼神所呈現的意識形態〉，《東吳大學中國文學系系刊》，第8期，1982年5月，頁39-41。

邵世光：〈錢賓四先生著作目錄〉，《民間史學》，第1期，1990年12月，頁1-54。

金永植：〈朱熹的鬼神觀〉，《清華學報》，第17卷第1/2期，1985年12月，頁149-163。

姜廣輝：〈理學氣靈論的鬼神觀〉，《孔孟月刊》，第31卷第8期，1993年4月，頁25-33。

姜廣輝：《理學與中國文化》，上海：上海人民出版社，1994年。

施銘燦：〈荀子的鬼神觀〉，《孔孟月刊》，第29卷第7期，

1991 年 3 月，頁 21-24。

胡昌智：〈說明認同的新史學：錢穆「國史大綱」的史學功
　　　能〉，《東海學報》，第 27 期，1986 年 6 月，頁 25-
　　　34。

胡適先生英文講稿，楊君實譯：〈中國人思想中的不朽觀念〉，
　　　《中研院歷史語言研究所集刊》，第 34 期，1963 年，頁
　　　741-757。

徐雪霞：〈錢穆先生的中國民族觀〉，《臺南師專學報》，第
　　　19 期，1986 年 6 月，頁 113-120。

徐復觀：〈良知和迷惘——錢穆先生的史學〉，《新聞天地》，
　　　第 1612 期，1979 年 1 月，頁 15-18。

張志哲輯：〈錢穆先生年表簡編〉，《傳記文學》，第 57 卷第
　　　4 期，1990 年 10 月，頁 28-29。

張定波：〈立修齊志,讀聖賢書——錢穆先生紀念館簡介〉，
　　　《臺北市立圖書館館訊》，第 10 卷第 1 期，1992 年 9
　　　月，頁 127-128。

張健行：〈儒學對鬼神與天的態度〉，《中華文化復興月刊》，
　　　第 22 卷第 2 期，1989 年 2 月，頁 59-61。

許信昌：〈朱熹的鬼神觀〉，《史化》，第 18 期，1988 年 8
　　　月，頁 20-31。

陳夢家：〈五行之起源〉，《燕京學報》，第 24 期，1938 年。

陳榮捷：《朱子新探索》，臺北：臺灣學生書局，1988 年。

陳豐祥：〈從「國史大綱」看錢穆的史學造詣〉，《教學與研究》，第 3 期，1981 年 5 月，頁 185-203。

智銘：〈錢穆先生論佛〉，《內明》，第 90 期，1979 年 9 月，頁 22-23。

黃克武：〈錢穆的學術思想與政治見解〉，《師大歷史學報》，第 15 期，1987 年 6 月，頁 393-412。

黃進興：〈權力與信仰——孔廟祭祀制度的形成〉，《大陸雜誌》，第 86 卷第 5 期，1993 年 5 月，頁 8-34。

黃進興：《優入聖域》，臺北：允晨文化實業股份有限公司，1994 年。

傅斯年：〈性命古訓辯證〉，收入《傅斯年全集》第二冊，臺北：聯經出版事業公司，1938 年。

蔡介裕：〈從儒家鬼神喪葬觀以辨正墨子非儒之說〉，《中國文化月刊》，第 142 期，1991 年 8 月，頁 100-122。

蔡尚思：〈天人合一論即各家的托天立論——讀錢穆先生最後一篇文章有感〉，《中國文化》，第 8 期，1993 年 6 月，頁 65。

鄭琳：〈就中庸鬼神之為德章說「誠」〉，《孔孟月刊》，第 25 卷第 10 期，1987 年 6 月，頁 24-25。

錢穆：《中國文化精神》，臺北：三民書局，1973 年。

錢穆：《人生十論》，臺北：東大圖書公司，1982 年。

錢穆：《中國歷史精神》，臺北：東大圖書公司，1981 年。

錢穆：《朱子學提綱》，臺北：東大圖書公司，1986 年。

錢穆：《孔子與論語》，臺北：聯經出版事業公司，1979 年。

錢穆：《靈魂與心》，臺北：聯經出版事業公司，1981 年。

錢穆遺稿：〈錢穆先生創辦新亞書院自述－上－〉，《傳記文學》，第 57 卷第 4 期，1990 年 10 月，頁 30-39。

錢穆遺稿：〈錢穆先生創辦新亞書院自述－下－〉，《傳記文學》，第 57 卷第 5 期，1990 年 11 月，頁 73-87。

鮑國順：〈不信鬼神信自己：荀子的天人思想〉，《國文天地》，第 3 卷第 5 期，1987 年 10 月，頁 11-13。

戴景賢：〈錢穆先生事略〉，《國史館館刊》，第 9 期，1990 年 12 月，頁 245-247。

戴朝福：〈論語中的鬼神觀〉，《孔孟月刊》，第 24 卷第 1 期，1985 年 9 月，頁 18-21。

譚旦冏：〈中國歷代文飾考丙篇（上）：鬼神崇拜的商周時代〉，《故宮文物月刊》，第 4 卷第 11 期，1987 年 2 月，頁 38-52。

譚旦冏：〈中國歷代文飾考丙篇（下）：鬼神崇拜的商周時代〉，《故宮文物月刊》，第 4 卷第 12 期，1987 年 3 月，頁 46-58。

關國：〈國學大師錢穆先生傳〉，《傳記文學》，第 57 卷第 4 期，1990 年 10 月，頁 16-28。

嚴耕望：〈錢穆賓四先生行誼述略〉，《新亞學報》，第 16 期

（上冊），1991 年 10 月，頁 115-132。

嚴耕望：〈錢穆賓四先生行誼述略〉，《錢穆先生紀念館館
　　刊》，第 1 期，1993 年 6 月，頁 6-17。

龐樸：〈馬王堆帛紓解開了思孟五行說之繼～帛書《老子》甲本
　　卷后古佚書之一的初研究〉，《文物》，1977 年第 10
　　期。

二、英文部份

Hu Shin, "The Concept of Immortality in Chinese Thought",
　　Harvard Divinity School Bulletin. 1945: 6, pp.23-42.

Yü Ying-shin, "New Evidence on the Early Chinese Conception of
　　Afterlife -- A Review Article", *Journal of Asian Studies.*
　　1981: 11, pp.81-85.

Yü Ying-shin, "O Soul, Come Back! A study in the Changing
　　Conceptions of the Soul and Afterlife in Pre-Buddhist China",
　　Harvard Journal of Asiatic Studies. 1987: 12, pp.363-395.

學規與書院教育

　　書院是我國歷史上最重要的私人教育制度。書院不僅對提升地方上之教育與文化有很大的貢獻，也曾經在全國性的政治舞臺上發揮過重要的影響力。書院的原意即是藏書之處，所以保存與傳播知識可以說是書院最原始、最基本的任務。南宋以後書院開始興盛。它除了扮演很重要的教育角色以彌補官學的不足之外，書院也成為講學的場所和思想的溫床。此外，書院更負有祭祀的宗教責任和藏書、印書的功能。

　　書院一定設有學規，置於講堂之側，或公佈於其他顯著之處，宣示書院的目的。學規又稱院規、教規、課規、講規、規約、學約、會約，主要是在揭示書院教學的宗旨，但也包含為學的方法及目的，因此也有勉勵學生努力求學的作用。學規和規定書院內學生的生活作息的條規、館規不同。此外書院另有章程，規定學生的人數、山長的任派、經費的應用等事務性之事項，和學規的功能大不相同。本文將從歷史上最具代表性、影響力最大的書院所制訂的學規來討論書院教育的特色和精神。從學規中我認為最能看出書院之自由講學的傳統，以及書院注重禮儀、道德修養、親師取友啟發性的教育方式。此外，我們亦可由學規中看

出書院和政治及社會的關係。書院一向以彌補官學的不足爲其最重要的功能。因此學規大都反映了官方的教育政策，勉勵學子努力準備科舉考試，反對學生談論時政，涉及訴訟等事。但是從事講學的書院卻是要在科舉式的教育之外，提供一種全人格、整體性的教育，因此對書院之外的社會不能不抱著關懷的心與改革的使命感。從學規中我們亦可以看出書院對政治或社會關懷的不同程度以及所採取的行動方針。目前存有的學規有數百種，而且幾乎所有的著名的講學家思想家都撰有學規。本文的目的不是想全面性的來討論學規的內容，而是舉出一些我認爲最具有代表性的學規作爲討論的焦點，來說明書院教育的精神，以及書院教育對人類文明可能作出的貢獻。

　　最著名的學規可說是朱熹（1130-1200）撰於淳熙 6 年（1179）的〈白鹿洞書院揭示〉。此〈揭示〉很普遍的被後代的書院採納爲學規。淳祐元年（1241），宋理宗曾手書〈揭示〉頒給太學，於是各地方的書院及學校都相競摹寫朱熹的〈揭示〉做爲教學的「指導原則」❶。晚近甚至馬浮於 1939 年作復性書院學規時，仍尊崇〈白鹿洞書院揭示〉，依據它來訂學規❷。朱熹

---

❶　薛應旂：《宋元通鑒》，轉引自李才棟：《白鹿洞書院史略》（北京：教育科學出版社，1989 年），頁 80。

❷　馬浮：《復性書院講錄學規》（1939 年《復性書院叢刊》本），趙所生、薛正興主編：《中國歷代書院志》（南京：江蘇教育出版社，1995 年），第 12 冊，頁 3-12。

特別提倡書院教育，在宋代思想家中沒有任何人的成就超過他❸。他推動書院教育的目的除了要彌補當時官學之不足、振興地方上的學術風氣之外，主要還是要實踐他的私人講學的理想，將書院提升爲一個學者從事高級學術研究以及涵養道德人格的場所。朱熹的書院教育之理念對後代的書院之發展影響很大。在朱熹的眾多有關書院的論述中，〈白鹿洞書院揭示〉最能體現他的書院教育之精神❹。〈白鹿洞書院揭示〉提示出以下五項爲學的原則：

白鹿洞書院揭示

父子有親，君臣有義，夫婦有別，長幼有序，朋友有信。

右五教之目

堯、舜使契爲司徒，敬敷五教。即此事也。學者學此而已。其所以學之序，亦五焉。具列如左。

博學之，審問之，謹思之，明辨之，篤行之。

右爲學之序

學問思辨四者所以窮理也。若夫篤行之事，則自修身以至於處事接物，亦各有要。具列如左。

言忠信，行篤敬，懲忿窒慾，遷善改過。

---

❸　參見陳榮捷：〈朱熹與書院〉，《朱子新探索》（臺北：臺灣學生書局，1988年），頁478-513。

❹　《朱子大全》（《四部備要》本），卷74，頁16下-17下。

右修身之要

正其誼不謀其利，明其道不計其功。

右處事之要

己所不欲勿施於人，行有不得反求諸己。❺

右接物之要

朱熹在跋文中強調教育的最終目的是「爲己之學」，並且說明書院應該提倡啓發性的教育，反對採取強制性的學規來約束學者的行爲，或是處罰犯過的學生。他說：

熹竊觀古昔聖賢所以教人爲學之意，莫非講明義理以修其身，然後推己及人。非徒欲其務記覽，爲詞章，以釣聲名取利祿而已。今之爲學者既反是矣。然聖賢所以教人之法，具存於經。有志之士，固當熟讀而問辨之。苟知理之當然而責其身以必然。則夫規矩禁防之具，豈待他人設之而後有所持循哉？近世於學有規，其待學者爲已淺矣。而其爲法又未必古人之意也。故今不復以施於此堂，而特取凡聖賢所以教人爲學之大端，條列如右，而揭之楣間。諸

---

❺　「五教」之典故出自《孟子·滕文公上》。「爲學之序」出自《中庸》。「修身之要」出自《論語·衛靈公篇》，《易經》損卦、益卦。「處事之要」是董仲舒語，見《漢書》，卷56。「接物之要」出自《論語·顏淵篇》及〈衛靈公篇〉。

君其相與講明遵守而責之於身焉。則夫思慮云爲之際，其所以戒謹恐懼者，必有嚴於彼者矣。其有不然，而或出於禁防之外，則彼所謂規者，必將取之，固不得而略也。諸君其念之哉。❻

因此朱熹稱此爲學的方法爲「揭示」，而不願意稱之爲「學規」是有很深的用意的。學規這樣的「規矩禁防之具」朱熹認爲不但不尊重學生，「待學者爲已淺矣」，更和他所主張的主動學習的教育方式不符。朱熹很了解道德修養是不能強迫別人去做的，而必須用人格的感召、行爲的模楷來啓發他人主動的去實踐。即使是追求知識，啓發性的學習方式也同樣重要。如果修身不能勉強，博學、審問、慎思、明辨等求知的方法，又如何強迫人去做呢？書院即是這樣的一個開放的自學環境，讓「諸君其相與講明」於其間。但是朱熹並沒有忽略了學規也有它存在的必要。對不肯主動去遵守訓示的學生，朱熹警告他們說：「則彼所謂規者，必將取之，固不得而略也。諸君其亦念之哉。」❼朱熹的教法是先以「君子」的方式對待學生，讓他們知道尊重自己，尊重別人，主動地去學習，自發地去遵守聖賢的教誨，修養自己的道德人格。但是如果學生甘願以「小人」自居，則強制性的教

---

❻　《朱子大全》，卷74，頁17上下。
❼　《朱子大全》，卷74，頁17下。

育方式也不能免。這種教法兼具了啓發性和強制性，最能突顯朱熹的教育思想，也可以說是書院教育最主要的精神。

　　朱熹的揭示要求學者在書院中「講明義理以修其身」，但是並非要人廢棄或輕視舉業。朱熹有句名言說：「非是科舉累人，自是人累科舉。」❽從事「爲己之學」和從事科舉之學雖有輕重的不同，但是兩者不但應該兼顧，而且明白義理更對作科舉文字有幫助。陳淳對此的論點很具代表性。他說：「聖賢學問未嘗有妨於科舉之文。理義明則文字議論益有精神光采。」❾因此即使講學的書院，不論講的是程、朱或是陸、王的學問，也都勉勵學子致力於舉業❿。從歷代的學規中我們可以看出來書院講學兼習舉業的現象。清初陽明學派的復興者邵廷采（1684-1711）在姚江書院講學。他所立的學規包括了「舉業宜醇」。他說：「自制科取士以來，名臣良吏多出舉業。揚名榮親，道無逾此。何得僅視爲敲門磚，草草易就，吟哦一生。終不成家。」⓫此外顏元主

---

❽　　張伯行：《學規類編》（《叢書集成》本），卷 19，頁 208。

❾　　同上，頁 208。

❿　　最著名的例外是元朝的許謙。他講學「獨不以科舉之文授人」（《元史·許謙傳》。當時南方的書院似乎大都主張退隱山林，不願意入朝當官事異族，所以書院就不教舉業。見李國鈞主編：《中國書院史》（長沙：湖南教育出版社，1994 年），頁 530。

⓫　　《姚江書院志略》（乾隆 59 年（1794）本），趙所生、薛正興主編：《中國歷代書院志》，第 9 冊，頁 285；參見張克偉：〈姚江書院與清初王學〉，《中國國學》，第 21 期（1993 年 11 月），頁 129。

辦的漳南書院將八股文納入課程之中也是很好的例子。講學因此並不排斥帖括功課，只是有先後、動機的不同而已。就如朱熹所說的，「使孔子復生也不免應舉」**⑫**。平常人更不必論了。地方人士興辦書院的主要動機正是爲了提供子弟們讀書應考的優良環境。書院輔助學生準備科舉考試就成了它的主要功能之一。

朱熹的門人陳文蔚主講端溪書院時，特別強調不立防禁的條約，「以從事防閑簡柅，非所以待同志之士，而同志者亦無所事於此」**⑬**。他提出收放心及親師取友的爲學方法，可說對朱熹的〈白鹿洞書院揭示〉有進一步的發明。在〈雙溪書院揭示〉的序中他說：「爲學之道無如收放心以講明義理。端莊專一，整齊嚴肅所以收放心。親師取友，切磋琢磨所以講明義理。」**⑭**〈雙溪書院揭示〉的內容如下：

> 入則孝，出則弟。
>
> 居處恭，執事敬，與人忠。
>
> 博學之，審問之，明辨之，篤行之。**⑮**

在書院裏朋友之間「日夕相聚講說」尤其重要。陳文蔚說：

---

⑫ 同上。

⑬ 〈克齋揭示〉，《克齋集》（《文淵閣四庫全書》本），卷7，頁8上。

⑭ 《克齋集》，卷7，頁4下。

⑮ 同上，卷7，頁6上-8下，頁50-51。

「朋友之道在人倫五者之列，而與君臣父子兄弟夫婦並行於天地之間。朋友可廢則四者亦可廢矣。」❻他很能夠將書院創造學者共同生活、共同學習的環境之使命提示出來。書院裏注重主動性的學習和創造共學的環境不但是相輔相成的，更是書院教育最重要的兩項原則。朱熹和陳文蔚的書院揭示恰好爲這點作了很好的說明。

　　和朱熹在學術上與友誼上往來都很親密的呂祖謙（1137-1181）也很致力於書院教育，從事講學。乾道 3 年（1167）他在明招山守墓❼，開始有學子來和他講學。乾道 4 年（1168）他授業曹家巷，爲學生作了規約。5 年（1169）呂祖謙出任嚴州州學教授，爲嚴州書院也立下了規約。隔年他自嚴陵歸婺，「會諸生于麗澤，有規矩七事」❽。這些學規作於朱熹之〈揭示〉之前，可以說是屬於朱熹所謂的「規矩禁防之具」。雖然呂祖謙對講學及教育的看法基本上和朱熹的主張相同，但是從學規上我們可以看出他們兩人在教育方法上的差異。以下是呂祖謙的規約：

---

❻　　同上，卷7，頁5下，頁49。

❼　　在浙江武義縣。呂祖謙的門人因此被稱爲「明招弟子」。麗澤書院的地點不可考。有學者認爲在金華城內。呂祖謙稱其講學之地爲麗澤堂。麗澤書院之名很可能是呂氏逝世後才出現。參見李國鈞主編：《中國書院史》，頁 360-362。

❽　　〈年譜〉，《東萊集附錄》（《文淵閣四庫全書》本），卷 1，頁 6上-7下。

乾道四年規約

凡預此集者以孝悌忠信爲本。其不順於父母，不友於兄弟，不睦於宗族，不誠於朋友，言行相反，文過遂非者，不在此位。既預集而或犯，同志者規之。規之不可，責之。責之不可，告於眾而共勉之。不悛者除其籍。

凡預此集者聞善相告，聞過相警，患難相恤。游居必以齒，相呼不以丈，不以爵，不以爾汝。

會講之容端而肅。群居之容和而壯。

舊所從師，歲時往來，道路相遇，無廢舊禮。

毋得品藻長上優劣，訾毀外人文字。

郡邑政事，鄉閭人物，稱善不稱惡。

毋得干謁投獻請託。

毋得互相品題，高自標置，妄分清濁。

語毋褻，毋諛，毋妄，毋雜。

毋狎非類。

毋親鄙事。❿

乾道五年規約

---

❿　《東萊別集》（《文淵閣四庫全書》本），卷5，頁1上-2上，又見《鵝湖講學會編》，卷8，趙所生、薛正興主編：《中國歷代書院志》，第11冊，頁163-164。

凡與此學者以講求經旨、明理躬行為本。

肆業當有常，日紀所習于簿，多寡隨意。如遇有幹輟業，亦書於簿。一歲無過百日。過百日者，同志共擯之。

凡有所疑，專置一冊記錄。同志異時相會，各出所習及所疑，互相商榷。仍手書名于冊後。

怠惰苟且，雖漫應課程而全疏略無敘者，同志共擯之。

不修士檢，鄉論不齒者，同志共擯之。

同志遷居，移書相報。❷⓪

乾道六年規約

親在別居、親沒不葬、因喪婚娶、宗族訟財、侵擾公私、喧嘩場屋、游蕩不檢，並除籍。仍關報諸州在籍人。

諸齋私錄講說之類，並多訛舛，不可傳習。❷①

　　呂祖謙顯然很重視書院中的學生互相勉勵，彼此告誡，而且想在書院裏建立一個社群的壓力與輿論的制裁。因此對於懶惰、無行、犯過的學生，其他的學生要先規勸他。規勸無效則要將他孤立起來，「共擯之」，「共責之」，使他在同學們的壓力之

---

❷⓪　《東萊別集》，卷 5，頁 2 下-3 上；又見《鵝湖講學會編》，卷 8，《中國歷代書院志》，第 11 冊，頁 164。

❷①　《東萊別集》，卷 5，頁 4 上-下。

下，主動的悔過和努力。至於不肯改變的學生，呂祖謙主張將他逐出書院，開除他的學籍。

呂氏的規約的另一個特點是要求學生使用簿冊每天記載學習的內容和疑問，而且要求他們「各出所習及所疑，互相商榷」。學生藉著日記可以自我反省，自我鼓勵，養成主動學習的精神。但是他的教法太依賴公眾的制裁與處罰，我認爲對發展健全的人格未必是最有利的。尤其呂祖謙不但主張要將不可救藥的學生除籍，甚至「如共爲隱蔽，異時惡聲彰聞，或冒犯刑法，同州同縣人並受隱蔽之罰」❷。這眞是朱熹所謂的「待學者爲已淺矣」。呂祖謙「禁防」式學規和朱熹「揭示」式的學規形成很強烈的對比。後代的學規幾乎都調停於這兩種教法之間。

程董二先生學則

朱熹很贊許他的門生程端蒙（1143-1191）和董銖（1152-1214）兩人合撰的學則，說是「有古人小學之遺意」❸。雖然這個學則是給私塾的學生遵守的，所規定是細小的行爲規範，但是有很多書院採取它作爲書院的守則。饒魯認爲此學則可以彌補〈白鹿洞書院揭示〉的不足。他說：「合二者而並揭之，一則舉

---

❷　《東萊別集》，卷5，頁3下。
❸　〈跋程董二先生學則〉撰於淳熙 14 年（1187），見《朱子大全》，卷82，頁13上。

其學問之宏綱大目，而使人之知所用力。一則定爲群居日用之常
儀，而使人有所持循。即大小學之遺法也。」❷現在白鹿洞書院
存有「白鹿洞書院教條」碑，附載了程、董二先生學則。此碑爲
乾隆 3 年（1738）由董文偉、章國錄所立。可見白鹿洞書院有將
此學則和朱熹的揭示合用的傳統❷。學則如下：

> 凡學於此者必嚴朔望之儀。謹晨昏之令。居處必恭。步立
> 必正。視聽必端。言語必謹。容貌必莊。衣冠必整。飲食
> 必節。出入必省。讀書必專一。寫字必楷敬。几案必整
> 齊。堂室必整潔。相呼必以次齒。接見必有定。修業有餘
> 功，游藝有適性。使人莊以恕，而必專所聽。❷

在這些大條目之下還有很細微的規定。例如：「寢必後長
者。既寢勿言，當晝勿寢。」站立時不可背向著長上（「勿背所
尊」）。即使不在書院裏學習，個人的私生活也有一定的儀節必
須遵守。因此「雖燕處，不得裸袒露頂」❷。無論是在私塾或是
在書院，禮儀不但支配了學生全部的生活，也是教育的主要重
點，學生學習的科目。甚至課餘所從事的彈琴、習射、投壺等活

---

❷　張伯行：《學規類編》（《叢書集成》本），頁 6。
❷　見李才棟：《白鹿洞書院史略》，頁 65。
❷　張伯行：《學規類編》，卷 1，頁 2-6。
❷　張伯行：《學規類編》，卷 1，頁 3，4。

動也都「各有儀矩」。禮儀中最重要的是謁拜孔子和每日早晚問候師長之禮節。每月兩次的「朔望之儀」是在孔子的塑像前焚香四拜，然後學生們向師長再拜。學生還派代表出來公開跟師長說些感謝的話。最後「諸生以次環立，再拜。退。各就案」❷⑧。早晚的問安禮節只用揖，不拜。書院的生活每日由禮開始，夜晚由禮結束。禮儀可以說不但規範了書院的生活，學生也同時在習禮中實踐他們的學業。晨昏之禮的做法是：

> 當日擊版如前。再擊，諸生升堂序立。俟師長出戶，立定，皆揖。次分兩序，相揖而退。至夜將寢，擊版。會揖如朝禮。會講、會食、會茶亦擊版如前。朝揖、會講以深衣或涼衫，餘以道服褙子。❷⑨

藉著禮儀的鍛煉，學生將儒家教育所要造就的「次序感」內在化、生活化。從儒家的禮的世界裏，學生們找到每個人自己的地位。朝會時應該穿甚麼衣服，應該站在那裏，在何時應該做甚麼動作都有一定的規則可循。書院教育是要將學生融入禮儀的次序世界中，使他們自然地成爲文質彬彬的君子。禮儀更有增強學者對儒家傳統的認同的功能。每個月舉行兩次的「朔望之儀」不

---

❷⑧　同上，頁 2，3。

❷⑨　同上，頁 3。

只是對孔子表示敬仰，也是對孔子所代表的儒家傳統表示崇敬之心。書院的師長是儒家傳統的表率，負有傳道的責任，因此學生也向他們致敬。我們暫時不論儒家禮儀是否有宗教含意。經過禮儀日夜薰陶出來的人自然很容易做到學則所要求的「居處必恭」、「容貌必莊」等行為的規範。禮儀的目的就是要使人自然的遵守道德的規範。書院注重習禮和書院重視啟發式的教育是息息相關的。

胡居仁續白鹿洞學規

> 正趨向以立其志。
>
> 主誠敬以存其心。
>
> 博窮事理以盡致知之方。
>
> 審察幾微以為應事之要。
>
> 克治力行以盡成己之道。
>
> 推己及物以廣成物之功。㉚

在朱熹之後，闡釋〈白鹿洞書院揭示〉最著名的學規首推胡居仁於成化 3 年（1467）所撰的續規。胡居仁主要舉周敦頤、二程、朱熹的話來推衍以上六項為學的原則。其中胡居仁提出「審察幾微」的修身的方法，對朱熹的揭示是一項很重要的發揮。周

㉚　《學規類編》，卷 2，頁 9-18。

敦頤已有「誠無爲，幾善惡」的說法。朱熹更加以闡釋說：「欲動未動之間便有善惡。正學者用心理會。」胡居仁則順著朱熹的意思，特別提出審察幾微的功夫，並解釋說：「必於事物初接，本心萌動之際，謹察精辨，孰爲天理，孰爲人欲。使善惡是非、公私義利判然於前。然後從其善而去其惡。如此既久則義理益精，自無過不及之差矣。」❸許多後來的學規都增加了「審察幾微」這項。胡居仁應李齡之聘請來白鹿洞書院講學。雖然他主持書院的時間很短，但是他所遺留的續規以程朱學派的立場來重述朱熹的揭示之精神，對後代的書院教育產生了很大的影響。

胡居仁爲麗澤堂所訂的學規很明白的顯示了此學堂是專門爲了講學而設的。他因爲「恐離群獨學終無以成德」，所以建立這個書院，使「學於此者謹德行明義理，持其志敏其功」❷。

麗澤堂學約

凡入麗澤堂者一以聖賢之學爲宗，削去世俗浮華之習。尚節行，惇信義。毋習虛誕之文以干利祿，毋作草率之詩以取時寵。各立日錄簿一冊，逐一書寫所習之業、所行之事。朔望鳴鼓升眾會于堂上。稽其所進，書於總籍，以盡誘掖激勵、漸磨成就之道。

---

❸　同上，頁 16。
❷　《胡文敬集》（《四庫全書》本），卷 2，頁 55 下，頁 60。

> 讀書務以《小學》爲先，次《四書》以及《六經》與周、
> 程、張、朱、司馬、邵之書，非理之書不得妄讀。
>
> 學眾規矩一依白鹿洞及程端蒙、西山眞先生爲準。
>
> 讀書務在循序漸進，一書已熟方讀一書，毋得鹵莽躐等，
> 雖多無益。
>
> 凡學以德行爲先，才能次之，詩文末焉。
>
> 凡學者行事皆於麗澤堂稟於師友，會眾裁度，其必合義，
> 然後許之。如有立志不堅，汨於利誘，以致違理害義者，眾
> 規之三。不悛者責之，不率者絕之，仍於麗澤削去其名。㉝

　　此學規在朱熹的啓發式的揭示中加入了纖細的行爲規條以及
處罰除名的規定，可以說反映了胡居仁的道德嚴格主義。胡居仁
也採取呂祖謙學約中所善用的公眾壓力，一方面每個月兩次在講
堂上公開表揚傑出的學生，將他們「所習之業、所行之事」，記
錄在書院的簿冊裏，「以盡誘掖激勵、漸磨成就之道」。另一方
面，對於「立志不堅，汨於利誘，以致違理害義者，眾規之三。
不悛者責之，不率者絕之，仍於麗澤削去其名」。胡居仁所推崇
的眞德秀的「教子齋規」也同樣強調學生在態度上要恭敬，在行
爲上要順從。「教子齋規」中學禮的這項說：「凡爲人要識道
理，識禮數。在家庭事父母，入書院事先生，並要恭敬順從，遵

㉝　《胡文敬集》，卷 2，頁 55 下-57 下，頁 60-61。

依教誨。與之言則應，教之事則行，毋得怠慢自任己意。」㉞像
這樣教小孩子的方法當然不適用在較大的成人上，也和朱熹的揭
示重視啓發性的教育方法違背。眞德秀和胡居仁都有道德嚴格主
義的傾向，所以他們對教育自然都採取了比較嚴厲的教規。反觀
朱熹所推崇的「程、董二先生學則」絕沒有要求學生順從父母或
師長的話。或許進入書院讀書的學生已經不需要提醒他們要順從
師長。但是強調順從會養成學生被動的習慣，因此朱熹在書院的
教育中不提順從不是沒有他的深意的。

白鹿洞書院湯來賀學規

專心立品

潛心讀書

澄心燭理

虛心求益

實心任事

平心論人

公心共學㉟

㉞　《學規類編》，卷1，頁6。

㉟　毛德琦原訂，周兆蘭重修：《白鹿洞書院志》（宣統 2 年（1910）
　　本），卷6，《中國歷代書院志》，第 2 冊，頁 102-104。

　　賀來湯的學規扣緊在心的修持上來發揮朱熹的揭示之精神。但是他比朱熹更明顯地強調學生們應該無私地分享學習心得，一起「共學」。很有意思的是他引用王陽明的話，「己有分寸之知，即欲同此知於人。己有分寸之覺，即欲同此覺於人」，來說明講學應該憑著大公無私的心，做到「視人之能猶己之能」，「樂人之善即我之善」**❸❻**。在從事自由講學及開創「公心共學」的環境之努力上，書院教育是沒有學派的差別的。

東林書院會約

　　講學是否應該牽涉到政治問題，尤其是否應該批評時政，儒者向來的意見就很歧異。明末顧憲成（1550-1612）於萬曆 32 年（1604）恢復東林書院，在書院從事講學的學者完全帶著改革政治的使命感來講學。持相反意見的鄒元標（1551-1624）則在首善書院以不談論時政為標榜，以迴避時事為主旨。他們因此「相戒不言朝政，不談職掌」。馮從吾（1557-1627）在關中講學，與學者立的「學會約」亦取同樣的立場。他立會於萬曆 24 年（1596），講學於寶慶寺，相約「會期講論毋及朝廷利害，邊報差除。毋及官長賢否，政事得失」**❸❼**。由於高攀龍（1562-1626）和顧憲成等東林人士介入社會，他們卻因此招來立朋黨、

---

❸❻　同上，頁 104。

❸❼　《少墟集》（《四庫全書》本），卷 6，頁 1 下。

建門戶、甚至「亡國」之苛責❸。東林禍國或亡國之說，黃宗羲
非常不同意，說這種說法是「寐語」。他說：

> 今天下之言東林者以其黨禍與國運終始，小人既資為口
> 實，以為亡國由於東林，稱之為兩黨。既有知之者，亦言
> 東林非不為君子，然不無過激，且倚附者之不純為君子
> 也。終是東漢黨錮中人物。嗟乎，此寐語也。❹

高攀龍與顧憲成講學東林書院，「每月三日，遠近集者數百
人，以為紀綱世界，全要是非明白」❹。所以講學者在「會中亦
多裁量人物，訾議國政」。於是「天下君子以清議歸於東林，廟
堂亦有畏忌」❹。雖然黃宗羲認為東林的清議的影響其實不是如
人所說的，「遍於城中，延於數世」❹那麼大。但是東林書院成
為朝廷清議之所歸和黃宗羲在《明夷待訪錄》中所說的「公天下
的是非於學校」的理想是一致的。東林人士敢於講學中批評國

---

❸ 這種看法見《明史》，尤其是卷231，〈顧憲成傳〉。趙翼：《二十
二史劄記》卷35，亦持此見。參見李焯然：〈論東林黨爭與晚明政
治〉，《明清史集刊》（香港：香港中文大學出版，1985年），卷
1，頁63-76。

❹ 《明儒學案》，卷58，頁1375。

❹ 《明儒學案》，卷58，頁1399。

❹ 《明儒學案》，卷58，頁1377。

❹ 《明儒學案》，卷58，頁1375。

政，敢和朝廷公然對立，這不但在明末及清初的講學風潮中是少見的，在中國書院史中亦是無法被模仿的典範。

東林書院是否誤國是另外一個問題。但是在講學的內容與方式上，東林書院採取比較積極的態度和具體的行動來改造社會，想要對當前的政治給予比較直接的影響，而首善書院的講學則避免和當前的社會發生衝突，僅關心個人的道德修養。因此顧允成（1554-1607）批評後者只注意到自己，而沒察覺到天崩地解的外在社會❸。雖然在講學的內容與形式上，東林書院和代表陽明學派的首善書院有原則性的不同，但是對於徹底改變社會的途徑，他們仍舊都採取《大學》治國的基本原則。高攀龍認為講學的目的應該是「正學術」、「正人心」、然後正政事。他說：「政事存乎人，人存乎心。學術正則心術正。心術正則施政者得其依歸。故學術乃天下之大本。」❹鄒元標基本上也持相同的主張。他說：「天下治亂，係於人心，人心邪正，係於學術，法度風俗，刑清罰省，進賢退不肖，舍明學則其無道由。」❺但是至於「正人心」、「正學術」是否必須批評政治，在此的問題上兩書院所代表的立場完全相反。不滿首善書院而離開的鹿善繼說：「離職掌言學，則學為無用之物，聖賢為無用之人矣。」❻

---

❸　《明儒學案》，卷60，頁1469。

❹　《高子遺書》，卷1。

❺　《明儒學案》，卷23，頁534。

❻　《明儒學案》，卷54，頁1305。

東林會約爲東林書院於萬曆 32 年（1604）落成時顧憲成所撰，高攀龍爲序。會約完全依據朱熹的〈白鹿洞書院揭示〉的精神而制定的。顧憲成曰：「惟朱子白鹿洞規至矣，盡矣。士希賢，賢希聖，不出此矣。東林之會惟是相與講明而服行之。又何加焉。顧欲講明而服行之，必飭四要，破二惑，崇九益，屏九損。」**❹**

飭四要
知本，立志，尊經，審幾
破二惑
講學迂闊而不切，高遠而難從
崇九益
國家設學本教人爲聖爲賢，非止科名。講學庶幾不負

廣聯同志

指視森嚴

整肅習氣

尋師覓友

廣見博文

一日之中可以譜既往，可以籌將來

人之責望我者愈重

---

❹ 《東林院志》，卷 2，頁 4 上。

我之自樹立者方眞

屏九損

比昵狎玩，黨同伐異，假公行私，評有司短長，議鄉井曲
直，訴自己不平，談曖昧不明及瑣屑不雅、怪誕不經之
事，文過飾非，多言人過，執是爭辯，道聽途說。❹

　　從東林會約中我們完全看不出參加會講的人有「裁量人物，
訾議國政」的跡象。相反的，會約很明白的規定會講中不可「評
有司短長，議鄉井曲直」。東林書院成爲天下清議之所歸主要是
因爲參加講學的人都是當時清議之所寄的君子。他們聚集一處會
講，對朝廷自然產生無形的壓力，更何況他們公然地批評時政的
得失，所形成的輿論力量又更加強大。我們與其認爲東林講學評
議政治是違背了會約，不如認爲他們對社會的關懷超過了他們對
會約的忠誠。

　　從東林會約中我們倒是可以看出很強烈的學派之堅持，尤其
對陽明學派的攻擊更是不遺餘力。會約首先提出尊經的爲學要
旨，顧憲成幾乎將陽明學比做「異端曲說」，門戶成見之深相當
明顯。關於尊經，他說：「至乃枵腹高心，目空于古。一則曰何
必讀書然後爲學。一則曰六經註我，我註六經。即孔子大聖一腔

---

❹　　高廷珍等輯：《東林院志》（臺北：廣文書局，1968 年），雍正 11
　　年（1733）序，卷 2，頁 1 上-13 上。

苦心，程、朱大儒窮年畢力，都付諸東流已耳。然則承學將安所
持尋乎。異端曲說，紛紛藉藉，將安所折衷乎。其亦何所不至
哉。是故君子尊經之爲要。」❹他更反對王陽明的「四言教」，
以爲王學不「知本」。在會約中顧憲成說：「陽明之揭良知，眞
足以喚人心，一破俗學之陋。而獨其所標性宗一言，難于瞞心附
和。反覆尋求，實是合不來，說不去。而其流弊又甚大耳。」❺
康熙年間，吳覲華所作的〈東林會約〉，將這種學派的護衛精神
更加高漲。

吳覲華先生申訂東林會約

> 篤力行以宗教。宗教者奉涇陽、啓新、景逸三先生之教，
> 宗而主之也。
>
> 課實功以窮經。
>
> 絕議論以樂時。
>
> 屏俗氛以安分。❺

陸隴其很反對講學要提倡統一的思想。針對東林會約要宗主

---

❹　《東林院志》，卷2，頁8上。

❺　《東林院志》，卷2，頁6下。

❺　高庭珍輯本作「屏俗棼以盡分」，《東林院志》，卷2，頁14下-16
上。今依嚴毅等輯：《東林書院志》（康熙年間刊本），《中國歷代
書院志》，第7冊，頁83。

顧憲成、錢一本及高攀龍的思想從事講學，他說：「君子以友輔仁，共勉於五倫之躬行而已。不必提宗也。」❷此外吳覲華主張在書院內「絕議論」，不但否定了東林書院的抗爭精神，似乎也有恭維朝廷的嫌疑。在〈申訂東林會約〉中，他說：「學問二字原不尙議論。維昔先賢間出清議以扶世道。蓋時或使然，萬非得已。如吾儕閉戶人也。原隔霄壤。幸逢盛世，聖天子當陽，登用必貞良，宣布必惠澤。何緣更有游鄉之論。夫子不云乎？天下有道則庶人不議。自今談經論道之外，凡朝廷之上，郡邑之間，是非得失，一切有聞不談，有問不對。一味勤修學業，以期不負雍熙。是爲今日第一時宜也。」❸朱熹所提倡的自由講學的傳統很不幸的在此蕩然無存。而且東林書院如果變成對世事「一切有聞不談，有問不對」，專門爲了準備科舉考試的學校，那和顧憲成的原意相差不止千里之遠。

證人社約

劉宗周（1758-1645）與陶奭齡於崇禎 4 年（1631）成立證人社，首次與會的學者就有二百多人，可說是明末發揚王陽明學

---

❷ 〈東林會約說〉，《三魚堂文集》（《四庫全書》本），卷 3，頁 28上，頁 37。

❸ 《東林院志》，卷 2，頁 15 下。

說的主要講學中心❺。劉宗周先前曾經在東林書院和首善書院講
學❺。所謂「證人」是要「證其所以爲人」。因此由他主導的證
人社特別注重內心道德的修養與名節的持守是預料中的事。證人
社承襲首善書院不論朝政的傳統，雖然社約沒有明文禁止議論時
政之得失，但是參加會講的同志很清楚的只從事道德的互勉，而
不涉及政治的評論。證人社約的內容包括學檄、會儀、約言和約
戒四部分。

　　會儀規定會講的儀式及組織。證人社每一個月聚集一次，每
次六小時❺。它聚會的特點是在前廳設孔子的神位，不設神像。
會眾向孔子的神位四拜，對先賢的神位只是長揖，但不拜。此外
會講歡迎衿紳來參加，「雖諸色人不禁」❺，算是很開放。座位
則以年齡排列，但是士紳分開來坐。

　　約言是劉宗周所撰的，闡述爲學的大旨，提出十項「證人」
的途徑，即如何印證人人皆有良知的方法。

---

❺　證人社每月於石簀先生祠開講一次。由於兩位主講者思想不同，只進
　　行了十一次會講就解散了。參看《中國書院史》，頁 756-757；孫中
　　曾：〈證人會、白馬別會及劉宗周思想之發展〉，論文發表於劉蕺山
　　學術思想研討會（臺北：中央研究院文哲所，1996 年 5 月）。

❺　黃宗羲說他「講學二十餘年，歷東林、首善、證人三書院」。見〈蕺
　　山同志考序〉，《黃梨洲文集》（北京：中華書局，1959 年）。

❺　從上午七時（辰時）至下午一點（午時）。

❺　《劉子全書》（道光 2 年（1822）刊本，京都：中文出版社），卷
　　13，頁 1 上下，頁 191。

一、學者第一義在先開見地，合下見得在我者是堂堂地做
　　個人，不與禽獸伍。何等至尊且貴。

二、學者欲參性宗，只向此中求實地，不必更事玄虛。良
　　知二字是孟子性善宗旨。致此之知，更有何事。

三、立愛自親始，立敬自長始，不自親長止也。由吾親長
　　而推之，有親戚焉，有朋友焉，又有鄉里焉。等而漸
　　推之，天下之大，無有不愛且敬者。君子所以廣仁術
　　也。

四、語云學莫先於義利之辨。義也者，天下之公也。利也
　　者，一己之私也。

五、人生而有己，即有物欲之累。其最沉溺處，爲酒色財
　　氣四者。學以克己爲功。一切氣質無所用事，性體湛
　　然。雖有四者之感，亦順以應之而已。

六、人之所以異於禽獸者幾希。至散之爲三千、三百，而
　　人道始備，故聖人惓惓於學禮。

七、白沙子曰：名節者道之藩籬。藩籬不固，其中未有能
　　守者。……進取一路誠士人所不廢，而得之不得，曰
　　有明。

八、人生千病萬痛都坐習上來。……禮奢寧儉，聖人以之
　　證本教焉。本者性也。緣習近性，舍儉何從。若夫俗
　　失世壞，已非一朝夕之故。孤掌狂瀾，尤在吾輩矣。

九、夫子以學之不講爲憂，而先之曰修德，曰徙義改不

善。則講學云者，正講明吾之所謂義而求必徙之，與所謂不善而求必改之，爲修德地耳。……語云：說一尺不如行一寸。學者嘗令精神完養在内，即有所見。且反躬體貼去，無邊形之言說。正學問進步處。

十、昔者顏子以能問不能，以多問寡。況在我者未必能且多乎。吾儕學而後知不足。取人爲善，自不容已。大要在破除我見，無以一察自封，使人樂告之以善。……自今吾儕有犯過者，各務正言相規，婉詞相導，俾其遷改乃已。其或中拒飾非，微色見詞，意非久要，聽其去籍。甚者干犯名教，遺玷門牆，鳴鼓攻之，不待言矣。㊳

瀰漫整個證人社約的是一股很嚴厲的道德感，主張「出聖入狂，非人即獸，間不容髮」㊴。而且它很強調内部的制裁，尤其是使用處罰的方式來維繫道德行爲。因此和朱熹的白鹿洞書院之自由講學傳統形成很強烈的對比。社約的約戒按照以下幾類，列出五十條不應該做的事：戒不孝，戒不友，戒苟取，戒干進，戒貪色，戒妄言，戒任氣，戒過飲，戒奢侈，戒遊蕩，戒惰容。而且約戒將處罰分成三等。最嚴厲的處罰是「出會」，即將犯過者

㊳　《劉子全書》，卷13，頁3下-9上，頁192-195。

㊴　《劉子全書》，卷13，頁4上，頁192。

逐出書院，並且將他的名字從學籍中除掉，可以說是一種社會的
制裁。「縱妻女學詩詞、寫扇作畫、琴棋誇耀者」就會遭到「出
會」的制裁⑩。其次是「上罰」和「中罰」。「上罰罰杜門，謝
會講一次。至赴會日仍治具以供湯餅一次。諸友不更齋分。中罰
謝會講一次。至赴會日仍捐古書一冊，藏古小學。」⑪無論是禁
止參加會講或是禁止會友訪問犯過的人都是施行社會制裁。「偏
聽婦言、嫉妒傷和者上罰。」⑫「科頭翹足、恣肆不檢者中
罰。」⑬證人社中道德制裁之嚴厲由此可見。

清初講學風氣及學規

　　東林書院的積極參與政事不但招來後世官方學者的指責，顧
炎武（1554-1607）也批評這類講學家好名。黃宗羲繼承東林的
傳統，自然主張講學應該積極介入政治。但是他武裝抗清失敗
後，了解局勢不容許他公開的聚集學者來批評時政，所以他的講
學則以講經的方式進行。其他著名的清初學者都在講學時迴避政
治的話題。但是這並不表示他們屈服於清廷高壓的統治，而不敢
觸怒當權者，或者顯示他們受誘於朝廷的褒獎之策略，而想邀
寵。相反的，我以為清初的講學家以不接受清廷召聘的方式來表

---

⑩　　《劉子全書》，卷13，頁10下，頁195。
⑪　　《劉子全書》，卷13，頁12下-13上，頁196。
⑫　　《劉子全書》，卷13，頁9下，頁195。
⑬　　《劉子全書》，卷13，頁12下，頁196。

示他們的高風亮節,所以他們的講學的活動仍舊帶有政治批評的意味。甬上(即鄞縣)是黃宗羲主要講學的場所,他講學的範圍很廣。全祖望在他所撰的黃宗羲〈神道碑〉中說:

> 患難之餘,始多深造。問學者既多,丁未(1667 年)復舉證人書院之會于越中,以申蕺山之緒。已而東之鄞,西之海寧,皆請主講。大江南北,從者駢集,守令亦或與會。已而撫軍張公以下皆請公開講。公不得已應之,而非其志也。⑥

我們可以確定清初順治年間,書院的發展沒有受到朝廷禁止「立盟結社」或是不許別創書院的干擾,而蕭寂、不發達。一旦科舉考試恢復之後,康熙皇帝大力推崇程朱理學,書院的建立與修復隨即蒸蒸日上。雍正皇帝下詔鼓勵各省建立書院,不但將書院的存在合法化,更刺激了民間興建書院的熱潮。雍正 11 年(1733)是清代書院史的重要里程碑。雍正皇帝下詔各直省設立書院,並且鼓勵各地創建、修復書院。從此書院的發展蓬勃日上,但是也造成了所謂書院「官學化」的現象。書院「官學化」的結果是逐漸的將書院之山長的任命,以及在書院求學的學生之選擇和考核交給地方官吏來執行。這個趨勢對學院的自主性與書

---

⑥　全祖望:〈梨洲先生神道碑〉。

院的教育使命都有嚴重的負面影響。雍正朝的提倡書院制度是爲朝廷控制書院開了一條門路。由以下的詔文中，我們可以了解書院的山長將由地方官員派用，而且雖然書院仍舊實施朱熹的〈白鹿洞書院揭示〉，書院的課程主要是以準備科舉考試爲主。因此，書院和官學的差別愈來愈不明顯了。雍正的詔令曰：

> 諭書院之制，所以導進人材，廣學校所不及，我世宗憲皇帝命設之省會，發帑金以資膏火，恩意至渥也。該部即行文各省督撫學政，凡書院之長，必選經明行修，足爲多士模範者，以禮聘請。負笈生徒，必擇鄉里秀異，沈潛學問者，肄業其中。其恃才放誕，佻達不羈之士，不得濫入。書院中酌仿朱子白鹿洞規條，立之儀節以檢束其身心，仿分年讀書之法，予以程課，使貫通乎經史。有不率教者則擯斥勿留。學臣三年任滿，咨訪考核。如果教術可觀，人材興起，各加獎勵。六年之后，著有成效，奏請酌量議敘。諸生中材器優異者，准令荐舉一二，以示鼓舞。⑥

在清初講學家中，黃宗羲試圖走出陽明學說的範圍，最有創見，對後代學術發展的影響也最大。乾嘉考證之學有許多地方得力於他所辦的講經會。在黃宗羲之後，萬斯同、萬斯大、萬言

---

⑥　《中國古代教育史料繫年》，頁808。

（1637-1705）繼續在各地方講經，對清朝考證學之成立產生關鍵性的啓發作用❻。此外，黃宗羲的門人全祖望（1705-1755）也修復蕺山書院及端溪書院，從事講經學長達二十多年之久。清初其他的講學大師包括孫奇逢（1584-1675）、李顒（1627-1705）、陸世儀（1611-1672）及顏元（1635-1704）。其中以顏元的講學最具特色，也最能反映時代的要求。

孫奇逢於明朝滅亡之後就歸隱山林，最後定居在河南輝縣之蘇門山，從事講學二十五年之久。孫奇逢的學問以程、朱的傳統爲主，但也不排斥陸、王的思想。他自述他的學術生命說：「某幼而讀書，謹守程、朱之訓，然于陸、王亦甚喜之。」❼關於他講學的內容之記載很少。從他「謹守程、朱之訓」的態度來看，可以想知他的講學也一定以程、朱的講學方式爲主。他的弟子湯斌（1627-1687）在孫奇逢之墓誌銘中說，當地方不安，寇賊逼近都城時，孫奇逢「攜家入武峰山，結茅雙峰，親識從者數百家，修武備，嚴教條，所以整齊約束之法甚具。更日與其徒講學習禮，賦詩倡和，弦歌之聲相聞。當兵戈搶攘時，雍容禮樂，盜賊睥睨不敢犯。國朝順治初，祭酒特舉長成均，以許文正相擬，中外大臣推轂日至，先生絕意仕進。移家其城，辟兼山堂，讀

---

❻　參見小野和子，前引文，頁 658-659。

❼　《夏峰集》，卷 7，〈寄張蓬軒〉，引自《清儒學案新編》，卷 1，頁 36。

《易》其中，牽子孫耕稼自給，簞瓢屢空，怡然自適」❽。

　　孫奇逢卒後被「列祀百泉書院」❾。可見他亦曾經在附近的百泉書院講學。由孫奇逢的弟子湯斌講學所使用的書籍，我們應該也知孫奇逢講學大概也是以程、朱的著作爲主，但是也涉及陽明學派之語錄。由以下引的〈志學會約〉中，我們知道湯斌亦講眞德秀之《大學衍義》，可見他們講學的目的之一是爲了經世。

　　歸與同道立「志學會」，建繪川書院，在〈志學會約〉中規定：所講以身心性命綱常倫儒爲主，其書以《四書》、《五經》、《孝經》、《小學》、濂洛關閩、金溪、河東、姚江諸大儒語錄及《通鑑綱目》、《大學衍義》等書爲主❼⓪。

　　李顒在清初的講學大師中和黃宗羲齊名，當時有「南姚江，西二曲之稱」。❼①顧炎武曾批評他說：「近日二曲以講學得名，遂招逼迫，幾致凶死。雖曰威武不屈，然而名之爲累則已甚矣。」❼②講學是學者的天賦，由講學而贏得盛名令譽是學者可以當之不愧。顧炎武不批評清廷三番兩次徵召李顒，逼迫他接受朝

---

❽　〈徵君孫鍾元先生墓誌銘〉，引自《清儒學案新編》，卷 1，頁660。

❾　見上文。

❼⓪　《清儒學案新編》，卷 1，頁 44。

❼①　《漢學師承記》，卷 8，頁 128。姚江是黃宗羲講學之地，學者稱李顒爲二曲先生。

❼②　《漢學師承記》，卷 8，頁 134。

廷「恩寵」的高壓手段，反而責怪李顒受盛名之累，講學不當，
是極不公允的話。

李顒講學的名氣是他在康熙 9 年（1670）南下到江南，於常
州之武進、無錫、江陽、靖江等地講學所建立起來的。常州知府
駱鍾麟是李顒的弟子，邀請李顒到道南書院、東林書院講學，並
且建延陵書院請他主講❼。據記載，當時講學盛況空前。「上自
府僚紳衿，下至工賈耆庶，每會無慮數千人。旁及緇流羽士，亦
環擁拱聽。」❼他在江南一帶講學三個多月，造成如此大的反
響，在清初可說是少有的事。康熙 12 年（1673）陝西總督鄂善
修復關中書院，聘請李顒主講。以繼承六百年關學傳統爲己任的
李顒自然沒有理由拒絕。他在關中書院僅講學三個多月，就因爲
鄂善以「隱逸」的名義向朝廷推薦他，他不得不辭職。但是李顒
所立下的〈關中書院會約〉對書院的教學產生了很大的影響。李
顒主張「除《四書》、《五經》之外，再勿泛涉」，但同時也注
重讀《大學衍義》、《大學衍義補》等經世致用的書❼。他的著
作也包括了《帝學宏綱》、《時務急著》等和經世相關的作品。
所以李顒的學術和清初重視經典、強調經世之學的學風有相同之

---

❼　《清儒學案新編》，卷 1，頁 263。

❼　〈南行述〉，《二曲集》，卷 10，引自《中國古代著名哲學家評傳》
　　續編，卷 4，頁 513。

❼　見《四書反身錄》，卷 1，引自《中國古代哲學家評傳》續編，卷
　　4，頁 516。

處。從此李顒結束其公開講學生涯，「反扃其戶，不與人通」❼。
在他晚年退隱山林的這段時間，李顒仍舊教授弟子，和顧炎武論
學。朝廷想以「海內眞儒」的榮譽徵召他，他「絕粒六日，至拔
刀自刺」❼，寧死而不肯接受。甚至康熙皇帝西巡至陝西想見
他，他也拒絕。所以李顒雖然隱居故鄉，但是卻仍舊是當時學界
的焦點人物。從以下李顒所訂的學規之片段，我們不難看出他教
學的嚴緊。

關中書院學程

> 立身處事以檢點行爲爲主。居家生活以勤勞檢樸爲主。涉
> 世以忍讓爲主。❼
>
> 坐如尸，立如釘。❼

顏元要在程、朱與陸、王的學術路線之外復「周、孔正
學」。他平日講學以堯、舜的六府三事、周公之三物、孔子之四

---

❼　《宋學淵源記》，卷上，頁 5。
❼　《宋學淵源記》，卷上，頁 5。
❼　魯毅編：《學規類纂》（武漢：湖北教育出版社，1994 年），頁
　　100。
❼　魯毅編：《學規類纂》，頁 151。

教爲主要原則及內容⑧。他晚年（六十二歲時）曾經主講漳南書院。雖然他在漳南書院的講學時間很短，只有四個月，但是他爲書院所立的規模，在清初的書院別樹一幟，相當有其特色。他將書院分成文事、武備、經史、藝能、理學及帖括六個學齋，每個學齋設有齋長，每一個科目都有老師教授。在〈漳南書院記〉中，他做了說明：

> 請建正廳四楹，日羽講堂，東第一需西向榜曰「文事」，課禮、樂、書、數、天文、地理等科。西第一需東向榜曰「武備」，課黃帝、太公以及孫、吳五子兵法，并攻守、營陣、陸水諸戰法，射御、技擊等科。東第二需西向曰「經史」，課十三經、歷代史、誥制、章奏、詩文等科。西第二需東向曰「藝能」，課水學、火學、工學、象數等科。其南相距三五丈爲院門，懸許公漳南書院區，不輕改舊稱也。門內直東曰「理學需」，課靜坐，編著程、朱、陸、王之學。直西曰「帖括需」，課八股舉業，皆北向。⑧

---

⑧　六府指水火金木土谷。三事指正德、利用、厚生。三物指六德、六行、六藝。四教指文行忠信。見姜廣輝：《顏李學派》（北京：中國社會科學出版社，1987 年），頁 90-91。

⑧　引自《清儒學新編》，卷 1，頁 340-341。

　　顏元在書院中和學生「討論兵農，辨商今古」，「習禮、歌詩、學書計、舉石、越距、擊拳」❷。如此全面性，非常生動的教育構想在中國書院史上是空前的創舉。顏元的教育思想是否受到西方思潮的刺激是值得進一步研究的問題❸。很值得注意，但是往往被學者忽略的一點是顏元的書院教育仍舊主張學生學習程、朱、陸、王之學以及八股文。他說理學及帖括雖然是「吾道之亂時，非周、孔本學。暫收之以示吾道之廣，且以應時制」❹。從當時書院的情況來看，在書院中教授八股文是必要的。但是書院如此廣博的課程是否可行，則是很令人懷疑之點。我們無從知道極其重視實際實行的顏元如何將他的構想付諸實行，因爲顏元離開書院之後，漳南書院就停辦了。無論顏元的想法是否在當時可行與否，他對書院講學的創見在中國書院史上佔有一席很重要的地位。

　　李光地（1642-1718）與張伯行（1651-1725）是康熙朝的「理學大臣」，也是清初程朱學派的干城。李光地於康熙 51 年（1712）上疏請求將朱子入祀於孔廟的大成殿中，列入十哲之內。康熙皇帝同意。此事對提升程朱學派在當時知識份子心中的

---

❷　見《顏李學派》，頁 94。

❸　姜廣輝於前引書，頁 95，認爲顏元對於書院制度的改革，應當也受了西洋近代文明的啓發。但是他並沒有舉出直接的證據，來證明顏元如何受到西方的影響。

❹　〈漳南書院記〉。

地位有極大的影響。李光地亦在他的故鄉安溪修考亭書院,後來也興建榕陽書院,自己並且到鵝湖書院、武夷山之仁智書院講學。

以推行書院教育而論,張伯行比李光地的貢獻更大。康熙 7 年(1668)他建請建書院。他任福建巡撫之時,在福州建立鰲峰書院,對福建書院的振興鼓舞很大。張伯行不但自己努力講學,對清初的講學風氣也有相當嚴苛的批評。尤其對風行當時的李顒及顏元,他的評語很極端。他說:

> 今天下學術裂矣。李中孚以禪學起于西,顏羽需以霸學起于北。嗟乎!正學其不復明于斯世乎?自程、朱后,正學大明,中經二百年無異說。陽明、白沙起,而道始亂。延及中孚,噓其餘燼,一時學者翕然從之,中孚死,其焰少息。今北地顏羽需出,不程、朱,不陸、王,其學以事功為首,謂身、心、性命非所急,雖子思《中庸》亦詆訾無所顧。嗚呼!如此人者,不用則為陳同甫,用則必為王安石,是大亂天下之道也。㊟

他將李顒說成陽明學派的復興者,批評顏元「不程、朱,不

㊟　《正誼堂文集》,卷 9,〈論學〉。引自《新儒學案新編》,卷 2,頁 360-361。

陸、王」，都是出於程朱學派的門戶之見，衛道之心太激所致。
他甚至說顏元的學說可以殺人。他說：「艾東鄉曰：李卓吾書一
字一句皆可殺人。今習齋之說亦可以殺人也，而四方響和者方靡
然不知所止，可慨也夫！」⑯張伯行之後，朱子學派的儒者從事
書院講學仍舊很活躍。比較較著名的講學家包括李來章。他曾經
在嵩陽書院講學，並且在南陽書院主講，作〈南陽學規〉。他也
曾經修復紫雲書院。最特殊的是李來章於廣東連山縣設連山書
院，教導傜民。此外童龍靈（1683-1745）早年遊學於張伯行所
立之鰲峰書院，以及泉州之蓮花峰書院，晚年主講於漳洲之藍山
書院⑰。陳璸建考亭書院，置學田增書院學舍，也算是一位講學
家⑱。

結　語

　　書院所展現的教育理想——開放的學習環境，自發性的學習
方式，啓發和培養個人的道德感與社會良心，我認爲仍舊是現代
教育所應該追求的理想。在高度發展科學技術，低度發展心靈與
道德的現代社會中，道德墮落、反社會行爲的問題益形嚴重。快
速的現代化，追求短期的經濟利益往往帶來對環境不可挽回的破

---

⑯　　同上。

⑰　　《福建朱子學》，頁 424。

⑱　　《清史稿》，列傳 64。引自《中國古代教育史資料繫年》，頁 778。

壞。除非教育制度重新以人文主義爲中心，重視人權、環境，否則社會的成員將只有技術與效率而沒有道德與責任，社會也會成爲一個富而不仁、富而不樂的社會。儒家重視全人格及關懷社會的人文教育傳統我認爲可以作爲現代教育的典範。書院制度之自由講學的傳統最能代表儒家的教育精神㊴。因此如何在現代的教育制度中吸收這個傳統的教育資源是一個值得我們思考的課題。

㊴　李弘祺表示不同的看法。他認爲書院教育缺乏「分析及批判的心靈」，而且「解放」個人的色彩不明顯，所以是「前自由」的教育，不是所謂「自由」或人文教育。見他的〈傳統中國的書院教育：有「自由教育」效果的「前自由教育」〉，《通識教育季刊》，第 2 卷第 1 期（1995 年 3 月），頁 19-41。

善書之倫理觀

　　善書最簡單、明白的定義即是勸人爲善的書。善書在民間流行很廣，歷史也很悠久。在其流傳約一千年的歷史中，善書對一般民眾的教育、生活禮俗、宗教信仰及道德實踐產生了很深遠、持久的影響。由於善書提倡儒家倫理，鼓勵社會所認可的行爲以維繫社會之安寧與和諧，所以一般來說善書反映了每一個時代及社會的價值觀，是研究中國社會價值變遷與內容很好之素材。本文將以中國現存最早的兩部善書，《太上感應篇》（成于 1164 年）❶和《太微仙君功過格》（成于 1171 年）❷來討論善書的

---

❶　據秋月觀瑛的說法，見《中國近世道教形成》，頁 207。另有說法主張《感應篇》成于 1167 年。

❷　是否有比此二部善書更早的善書涉及善書的定義問題。唐代的《高王觀世音經》是否可以算是善書則要考證此經書在當時之印刷、抄寫、流通及使用的情形而定。我以爲單從釋道宣之《集神州三寶感通錄》（見《大藏經》）中有關此經文靈驗的記載不能斷定它是一種善書，因爲道宣沒有提供任何有關此經書的製作目的及使用情況之消息。至於《金剛經注》，根據南宋的記載似乎可說是一種善書。見眞德秀撰〈感應篇序〉，《眞西山文集》（《四部叢刊》本），卷27，頁11上-12上。序中有曰：「余（指眞德秀之外舅）連蹇仕途，志弗克遂，故常喜刊善書以施人。……以釋氏言之，則所謂《金剛經注》

倫理觀。一般學者認爲善書以功利主義取向，藉著民眾懼怕鬼神的信仰，利誘、威脅知識水準不高的民眾爲善避惡，成爲社會的良民。這種主張背後隱含的意義是：善書是爲了維繫社會之和諧，或甚至是爲了維護統治階級（即傳統社會之士大夫）的階級利益而設立的；善書僅僅考慮人的行爲是否合乎社會之價值標準與要求，而不致力，也無法培養民眾道德良心及獨立之道德判斷。因此，以功利主義的自私心爲前提的善書，只能夠要求人「行善」（即履行社會所認可的行爲），而不能輔助人成爲「善人」（即具有道德良心，獨立的應用善惡觀的人）。這種主張不但透露了知識份子的本位主義之偏見，也暗示了主張宗教及道德是統治階級的政治工具之立場。從探討上述的兩部善書的倫理思想，我以爲由於它們很強調個人反省內心的念頭，善書的目的不只是在於促進社會的和諧，也注重個人道德心及善惡觀之培養。而且我認爲這種「心意主義」❸可以說是善書思想的一項共同的

者。凡三刻矣。」（頁11上）因此可見《金剛經注》是被當做善書來刊刻、流傳的。目前的學者幾乎全都主張《太上感應篇》是最早的善書。例如：卿希泰、李剛：〈試論道教勸善書〉，《世界宗教研究》1985年第4期（總22期），頁52；酒井忠夫：《中國善書研究》（東京：國書刊行會，1960年初版），頁1。酒井教授認爲「善書」一詞是宋代以後才普遍使用的名詞。無論歷史考證的問題如何解決，由於此二部善書成爲後代善書之典範，以它們爲善書的始祖未嘗不可。

❸ 善書的「心意主義」是秋月觀瑛的用語。見〈道教中國倫理——善書心意主義展望〉，《道教宗教文化》，頁1-26。

特質。本文的主旨即是想論述由善書所造就出來之民眾道德有其自主性，而不是功利主義的附庸，更不是統治階級的傀儡。

《太上感應篇》

　　《太上感應篇》是現存最早的善書❹，可說是善書的「老祖宗」，也是在歷史上影響最大的善書。今日臺灣的街頭巷尾經常可以看到《太上感應篇》的名句：「諸惡莫做，眾善奉行。」《感應篇》的作者不可考。可是我想大概可以確定它不是一人一時所作的，而是歷經長久的時間累積而成的一篇道德與宗教訓示的文字。《感應篇》總共只有 1227 字，可分做 169 條項目來看。當中除了大約 50 條之外，都可在《抱朴子》找到思想上或是文字上的根源❺。由此可見《感應篇》是從道教之傳統中產生出來的。我們亦可由這些新增的 50 條左右的訓示看出《感應篇》和早期的道家思想不同之處。《感應篇》以內容來分大致上可分成四部份：前言、善行、惡行、以及結語。除了這個基本結構之外，它的內容幾乎無任何規則可言。《感應篇》的本文很

---

❹　　以下簡稱《感應篇》。

❺　　關於《感應篇》與《抱朴子》及《樂善錄》在文字上及思想上之比較與對照，參見吉岡義豐：《吉岡義豐著作集》，第 1 卷，《道教研究》（東京：五月書房，平成六年），頁 80-90，以及第 2 章〈感應篇功過格〉。

短，李昌齡（1182 年卒）所做的「傳」卻長達三十卷❻。李氏的
注釋被收入《道藏》中。李昌齡的注可以讓我們了解南宋時期對
《感應篇》的了解與使用。

　　《感應篇》獲得朝廷的認可與提倡，使它廣爲流傳。南宋理
宗於 1223 年下詔刊行《感應篇》，並且將書頒贈給官員。理宗
也爲《感應篇》的刊行頒賜他親筆書寫的「諸惡莫作，眾善奉
行」這句名言。當時著名的儒臣紛紛贊揚此書。眞德秀（1178-
1235）爲此書作序和跋；宰相鄭清之爲《感應篇》作贊，和李昌
齡的傳一起刊行。《感應篇》如何受到官方及知識份子的重視可
以由它的序跋中看出。在大約一百年之內，即從 1233 年至 1349

---

❻　吉岡義豐認爲李昌齡爲李石之誤。「李石，字知幾，資陽人（四
　　川）。進士高第，蜀人稱爲方舟先生。」李石卒年爲 1182 年。見
　　《吉岡義豐著作集》第一卷，《道教研究》，頁 68-75。道藏本《感
　　應篇》作李昌齡傳，宋代的學者如眞德秀亦稱李昌齡，所以我在此暫
　　循傳統的説法，而不討論人名考證的問題。但是我們至少可以確定爲
　　《感應篇》作傳的李昌齡並非《宋史》卷 287 之李昌齡。《宋史》的
　　李昌齡字天賜，宋州楚邱人，太平興國進士，大中祥符元年（1008）
　　卒，享年七十二歲。吉岡又據陸務親之《老學庵筆記》說，李石本名
　　知幾，由於梓潼顯靈托夢給他，教他改名李石，所以他改名。李石的
　　著作有《樂善錄》一卷（宋紹定刊本，藏於東京東洋文庫，影本收入
　　《續古逸叢書》之三十六；《續百川學海》本）、《方舟集》（《四
　　庫全書珍本》）、《方舟經說》六卷（《叢書集成》本）、《方舟詩
　　餘》一卷（《蜀十五家詞》，收入《彊村叢書》）、《方舟詩集》
　　（《兩宋名賢小集》）等。

年，它總共有 12 種序跋。《感應篇》現存最早的版本是《道藏》本。南宋之《秘書省書目》（約成于 1110 年）有著錄。趙希弁編撰之《群齋讀書志附志》（成于 1249 年）不但著錄，也有一段說明值得參考。趙希弁曰：「《太上感應篇》有八卷本。漢嘉夾江隱者李昌齡所撰也。希弁生父師回嘗爲之序。四明史彌忞跋其後，曰趙公所序禍福善惡之報爲尤詳，可謂愛人以德者。余嘗守袁。喜袁人之樂於趨善，因閱是序，矍然起敬，而程公許、湯中繼書之。」❼

《感應篇》的基本理念是當一個人出生時，他的壽命之長短就被決定了；而且壽命之增長或是縮短完全依據他個人的行爲之善惡而定。「福禍無門，惟人自召。善惡之報，如影隨形。是以天地有司過之神，依人所犯之輕重，以奪人算。算減則貧耗，多逢憂慮。人皆惡之，刑禍隨之，吉慶避之，惡星災之。算盡則死。」《感應篇》進一步說：「凡人有過，大則奪紀，小則奪算。其過大小，有數百事。」據《抱朴子》，一紀是三百日，一算是三日。至於行善的人，「人人皆敬之，天道佑之，福祿隨之，眾邪遠之，神靈衛之，所做必成」。雖然《感應篇》沒有明言做善事的人是否做善事會增加他的壽命一紀或一算，只言善人

---

❼ 引自 Piet van der Loon, *Taoist Books in the Libraries of Sung Period* (London: Ithaca Press, 1984)，頁 89。可見《感應篇》之序跋不止《道藏》所載者。

「福祿隨之」，但是此書最終的目的就是教人如何行善避惡來增長他的壽命，以達到成仙的目的。因此「神仙可冀。欲求天仙者，當立一千三百善。欲求地仙者，當立三百善」❽。《感應篇》鼓勵善良的行為，直接促進社會之和諧，提倡「慈心於物，忠孝友悌，正己化人，矜孤恤寡，敬老懷幼」之類的儒家倫理。這點可說是儒家與道教在社會倫理上之交集處。

《太微仙君功過格》

《太微仙君功過格》為道士又玄子接受太微仙君的啟示，於金大定 11 年（1171 年）所作成的❾。又玄子曰：「余於大定辛卯之歲，仲春二日子正之時夢遊紫府，朝禮太微仙君，得受功過之格，令傳信心之士。忽然夢覺，遂思功過條目歷歷明了。吾乃披衣正坐，默而思之。知高仙降靈，不敢疏慢，遂整衣戴冠，滌硯揮牋，走筆書之。不時而就。皆出乎無思，非干於用意。」❿

---

❽ 《抱朴子》和此段稍有不同，欲求天仙者，只必須立一千二百件善事。見吉岡義豐之對照表，《吉岡義豐著作集》，第 1 卷，頁 81。

❾ 《太微仙君功過格》為又玄子作於江西西山玉隆萬壽宮會真堂。此西山在今日南昌附近。此書和許遜教團的關係很密切。見秋月觀瑛，《中國近世道教形成》，第 8 章，〈道藏本功過格許遜教團〉，頁195-216。當時萬壽宮為金人所管轄，所以又玄子的序使用金國的年號。

❿ 〈太微仙君功過格序〉，《太微仙君功過格》（《道藏》本），頁289。以下引文皆出自《道藏》本。

根據又玄子的這段自述，《太微仙君功過格》是太微仙君「降靈」在他身上，借他的手所寫出來的。因此他「走筆書之，不時而就」，完全出於「無思」。又玄子是許遜教團系的道士，所以《太微仙君功過格》包含了許多針對道士及修道者所制定的有關宗教儀式及行為的律則。一般說來，我們可以認為《感應篇》提供的是行為與道德的原則，而《太微仙君功過格》則提供這些原則在生活上與社會中之具體實踐的細目。所以二者可以視為存有「體用」的關係。《太微仙君功過格》中條舉了 36 條可以獲得功德的善行（稱作「功格」）以及 39 條獲罪的惡行（稱作「過律」）。功格又分為救濟門、教典門、焚修門及用事門；而過律門則分為不仁門、不善門、不義門及不軌門。其中教典門、焚修門、不軌門直接和道士的宗教生活有關。但是這些訓示與禁令，例如禁止食肉、誦唸經典等也可以適用於一般民眾。依據行為的性質以及其後果的嚴重性，每一種善行或惡行都給予一個點數。「凡受持之道常於寢室床首置筆硯簿籍，先書月份，次書日數。於日下開功過兩行。」❶每天臨睡之前，修行者在功過簿上把他當天的行為分功過兩項記在冊子上，並且注明每項行為的功與過之數目。「不得明功隱過」。每個月底功過簿「結帳」一次。「至月終計功過之總數。功過相比。或以過除功，或以功折過。

---

❶ 《太微仙君功過格》，第一。（臺北：新文豐出版公司，1988 年，《正統道藏》本），第 5 冊，頁 290。

折除之外者，明見功過之數。當書總記訖，再書後月。」⓬一年之後則做一次大結算。「至一年則大比。自知罪福，不必問乎修咎。」⓭利用這種類似商業上的會計作業的方式，《功過格》使人很具體的察覺到他的道德情況，也使人有努力、下工夫的途徑，逐漸成爲一個好人，「遠惡遷善」，「去仙不遠矣」⓮。後來發展出更簡單的做功過格的方式。一位不識字的人可以用白色及黑色的豆子來算自己的功和過，達到同樣的道德修養的目的。

現存的功過格在《太微仙君功過格》之後以袁黃（了凡，1533-1606）《陰騭錄》所附之雲谷禪師傳本（1568 年）與蓮池大師袾宏（1535-1615）所撰之《自知錄》（成于萬曆 33 年，1605 年）最爲著名，也最具影響力。明末以降似乎是功過格多產的時代。以完備而言，則當首推胡振安所編輯之《彙編功過格》（成于康熙 10 年，1671 年）及《彙纂功過格》⓯。貫穿這些功過格的基本理念是將人的行爲以及其他生活上的器物以金錢的單位表達出來。一般是百錢爲一功。因此對行爲的評估達到相

⓬　《太微仙君功過格》，頁 290。

⓭　同上。

⓮　序，頁 240。

⓯　有關功過格之版本之研究，參見吉岡義豐：《吉岡義豐著作集》，第一卷，頁 91-97；以及 Cynthia Brokaw, *The Ledgers of Merit and Demerit: Social Change and Moral Order in Late Imperial China* (Princeton, N.J.: Princeton University Press, 1991), p.241-242.

當高的精確性，而且也顯示出不同的行爲之相對的重要性或嚴重性。所以「救人刑死性命爲百功」。然而「救有力報人之畜，一命爲十功（謂駞騾牛馬驢畜等）。救無力報人之畜，一命爲八功（謂山野禽獸之屬）。蟲蟻飛蛾濕生之類，一命爲一功」❻。而且錢花愈多，功愈大。「賑濟鰥寡孤獨窮民，百錢爲一功，貫錢爲十功」❼。「過」的算法是依照同樣的原則。「害人性命爲百過。害人不死而病爲五十過。害一切眾生禽畜生命爲十過。害而不死爲五過。」❽其他功過格的特點有：得到報酬的善事無功可記；肯定符籙咒術之價值，以及重視社會之公共道德行爲等❾。

從《感應篇》和《太微仙君功過格》的內容來看，它們的陳述對象包括了社會各階層的人，例如官僚、豪紳、商人、學者、農民、道士等。《太微仙君功過格》有關宗教的訓示及儀式的條文相當多，顯示了它的撰寫可能主要是爲了道士及道教之信徒而作的。由此來看，此二書可說不是專門爲一般的民眾所作的善書。但是教育水準很低的民眾仍舊可以在生活上實踐這二部善書的思想。

---

❻　頁 290。

❼　同上。

❽　同上，頁 292。

❾　見吉岡義豐：《吉岡義豐著作集》，第 1 卷，頁 92-97。

善書的倫理思想

貫串善書的基本思想是因果報應的原則。一個人的每一個行為一定會產生後果，而此後果可能發生在今生，也可能在來世。來世與輪迴的存在是善書背後之基本假定[20]。此外，人的每一個行為及念頭都在神明的監督之下。「三臺北斗神君在人頭上，錄人罪惡，奪其紀算。」（《感應篇》）家中又有灶神，監察家人的言行。每個人身體裏更有「三尸神」，記錄人的心意與行為。「每到庚申日，輒上詣天曹，言人罪過。月晦之日，灶神亦然。」太微仙君是負責考校功過的神。所以一個人正確的功過簿「與上天眞司考較之數，昭然相契，悉無異焉」[21]。由此一個人可以「自知罪福」，完全掌握他的命運。神明的監督因此很嚴密。人無法逃脫為他的行為之後果負責，而且死後在地獄裏他必須接受閻王的審判。雖然《感應篇》之本文沒有說到死後審判之

---

[20] 雖然《感應篇》和《功過格》在文字上沒有明顯地使用「輪迴」的詞語，但是經過佛教將近一千年的提倡，輪迴的觀念在南宋時早已成為中國人宗教信仰的核心概念之一，因此假設善書繼承此一宇宙觀並不為過。《感應篇》曰：「如是等罪，司命隨其輕重，奪其紀算。算盡則死。死有餘責，乃殃及子孫。」這裏只說到罪過不但是個人應該單獨承受的「罪孽」，更是家族共同應該負擔的責任。但是李昌齡的注釋裏提到輪迴、投胎的故事極多，至少表示了南宋人有以輪迴觀念來解釋《感應篇》。相同的，陰德的觀念也隱約的可以在《感應篇》及《太微仙君功過格》中看出來。

[21] 〈太微仙君功過格序〉，頁289。

事，但是李昌齡的傳裏大量的引述了有關這方面的資料。所以，我們可以確定從宋代起《感應篇》的讀者已經主張因果報應的原則不但適用於今世，也適用於來世。

這兩部善書都非常重視一個人的內在之道德生活以及他的思想與意念。《太微仙君功過格》主張「舉意」亦是一種行為。雖然一個人的意念並未付諸實行，但是仍舊有功過可言。「謀人死刑成者為百過，不成為五十過。舉意不作為十過。」此外又如：「心中暗舉惡事欲殘害於人。一人為一過，事成為十過。心意中邪婬，雜想非理之事為一過。」❷甚至「見殺不救，隨本人之過減半。無門可救，不生慈念為二過」❸。所以消極、不主持正義、沒有憐憫心都是有過的行為。《感應篇》也說心有行善之意念和真正的做善事完全相同。心存惡意也和行惡完全相同。「夫心起於善，善雖未為，而吉神已隨之。或心起於惡，惡雖未為，而凶神已隨之。」因此人不能有貪心、忌妒、忿恨等心意。「見他榮貴，願他流貶。見他富有，願他破散。見他色美，起心私之。負他貨財，願他身死。干求不遂，便生咒恨。」這些念頭雖然未付諸實行，但都是「惡行」，不應該有的。這種對自己的心思給予嚴密注意，以及對善惡之行為與意念加以嚴厲審查與反省都會加深自我之道德感。除了這種嚴格的「心意主義」的主張之

---

❷　同上，頁 293。

❸　同上。

外，《感應篇》亦強調極高的行爲水準。例如：「樂人之善，濟人之急，救人之急。見人之得，如己之得。見人之失，如己之失。」它理想中的善人不但要實踐「忠孝友悌，正己化人，矜孤恤寡，敬老懷幼」等善行，更要做到「不彰人短，不衒己長。遏惡揚善。推多取少。受辱不怨，受寵若驚。施恩不求報，與人不追悔」。《太微仙君功過格》亦言：「見賢不薦爲一過，見賢不師爲一過。見明師不參授典教爲二過。……良朋勝友不交設爲一過。」這麼高超的道德行爲標準和儒家的聖賢典範又相差多少呢？

《功過格》的實踐完全是自發性的道德行爲。一個人自動地去記錄與批評他內心深處最隱密的思念與見諸於世的社會行爲。雖然有神明在監視，可是做功過格的功夫需要高度的誠實與自律之訓練才可使自己去面對眞正的自我，達到「自知功過多寡，與上天眞司考校之數昭然相契，悉無異焉」。《太微仙君功過格》的作者又玄子很了解道德修練的困難。他說：「大凡一日之終，書功下筆乃易，書過下筆乃難。」❷由此而論，功過格並不只是記錄一個人一天之善行與惡行的流水帳，而是一個發現自我、發現善惡之本源的記錄。明末的袾宏將他所撰的功過格稱作《自知錄》，我想就是這個意思。

功過格這類的善書不但「量化」道德行爲，更以錢的數目多

---

❷　《太微仙君功過格》，序，頁 289。

寡來衡量行為。因此就產生了善書是否將道德當作追求自己或家族的利益與幸福的工具，而不是將道德視為行為的目的本身。我認為善書的倫理觀是立基於個人延壽成仙、家族興旺幸福的前提上。因此它難免帶有「利己」性的功利主義色彩。由於善書的目的是勸人為善，所以它不論及抽象的倫理觀念，而著重於促成實際上對個人、對社會有益的行為亦是可以理解的事實。因此善書的倫理思想是含有「功利主義」的取向。但是善書是否因此就不重視個人的動機，僅考量行為的社會後果則是另一個問題。從以上對善書之「心意主義」的討論，我們可以看出《感應篇》及《太微仙君功過格》都非常注重動機、意念的正確與否。為了避免人將行善當作「謀利」的工具，《太微仙君功過格》規定任何得到對方報酬的「善行」都無功。例如：「傳一符一法，一方一術，令人積行救人，每一術為十功。如受賄而傳，或令人受賄則並無功。」❷⑤袾宏的《自知錄》進一步規定所有有功利企圖的善行都無功❷⑥，可見《自知錄》對動機的要求極其嚴苛，幾乎可以說放棄了所有功利取向的趨勢。

　　《太微仙君功過格》中規定「無功」的行為尚包括以下兩種情況。如果善行是個人的職責所應盡的義務，則無功。例如：「救人笞刑為五功，免人笞行為四功，減人笞行為三功。」但是

---

❷⑤　《太微仙君功過格》，頁290。

❷⑥　見《吉岡義豐著作集》，第1卷，頁95。

如果是「依法定罪」，即依法應該免刑、減刑，則無功。另一種
情況是善行沒有造成自己犧牲，則無功。例如：「自己飲膳，有
而不食者爲三功，晚而不食者爲二功。素食下味爲一功。素食中
味爲半功。素食上味爲無功。」但是「若無上味而食中等之味
者，非爲功。若無中味而食下味者亦非爲功。蓋有而故不食者爲
功」❷。這些措施是爲了使民眾不要陷入利慾窟臼中，而了解行
善是一種犧牲奉獻的行爲，而不是「無勞而獲」，追求今生來世
的利益之捷徑。

此外，《感應篇》及《太微仙君功過格》所提倡的善行絕大
部份都是公共性的善行，例如造橋鋪路、救濟飢渴之民、「矜孤
恤寡，敬老懷幼」。而且它們所要禁止的惡行大都是反社會的行
爲，例如「攻訐宗親」、「殺人取財，傾人取位」、「以私廢
公」、「摧毀船橋使不通渡」等。可見善書的目的是要使個人將
其私心、私慾昇華成社會性的道德良心，而實踐社會所認可的行
爲。善書的倫理思想的一個基本主張是要求個人以社會公共的善
爲善，而放棄僅對自己有利，而對社會有損的私心。因此，善書
的「功利主義」的色彩並沒有影響它對個人道德心及行爲動機之
純正的要求。

《太微仙君功過格》將道德「量化」，似乎只考慮功與過的
數量，而不去分辨行爲的性質。而且它運行的基本原則是「功可

❷　頁292。

補過」❷。因此在理論上有可能得到以下這個駭人驚聞的結論：殺人性命爲一百過，救一隻螞蟻有一功；所以一個人的生命和一百隻螞蟻有同樣的價值；而且殺害一人的過可以由救一百隻螞蟻的功來補救。如果從字面上了解功過格，這類的矛盾與荒謬比比皆是，善書豈不成了爲惡做端的障眼法以及惡人的護身符了。明末的功過格爲了正面解決這種問題有所謂「無量過」之設立。例如殺人是「無量過」的行爲，所以無法「償贖補救」，不是累積其他的善行可以彌補的。但是這些功過格又有所謂「無量功」的立訂。如此無量功似乎可以補無量過，問題依舊存在。但是實踐功過格的民眾卻不應該也不會去犯這種和功過格行善的主旨明顯相違背的事。我認爲這裏顯示了功過格的確可以培養民眾獨立之道德判斷及道德良心。「功可補過」的本意是要人「遠惡遷善」，而且遷善的先決條件是悔改。所以《感應篇》結束時特別強調悔過的重要。「其有曾行惡事，後自改悔。諸惡莫作，眾善奉行。久久必獲吉慶。所謂轉禍爲福也。」世上沒有不曾犯錯的人。所以善書勸人爲善是給予人悔過遷善的機會。不再做惡即表示眞正的悔過，而「眾善奉行」則是爲了彌補已經犯的過錯。由此可見「功可補過」的作用是要造就一位不再犯過的善人，而善

---

❷　唐代之道士杜光庭已有〈立功補過之格〉之文，主張功過可以相補。唐末屬於上清派系統的「三元經典」有「功過報應」之說。《太微仙君功過格》有受到這股影響。見秋月觀瑛：〈道教中國倫理──善書心意主義展望〉，頁2。

書培養道德良心的功能亦在此披露出來。

功過格「量化」道德的另一隱憂就是金錢可能成爲行善的阻礙，窮人是否就淪爲道德上的次等公民。所以清初有《不費錢功德例》㉙這類的善書出現，使得道德不致於被有財富的人壟斷，或是成爲有錢人的裝飾品。其實我認爲善書給予貧窮的人道德自主的力量，對喚醒一般民眾的道德自覺有極大的影響。吉岡義豐亦有相同的看法。他說：「善書是在國家的權力架構之外，背離官僚階級的意識，爲了關切庶民之自治意識所撰的書。」㉚

善書對民眾道德最大的貢獻是要求每一個人對他自己的行爲負完全的責任，而將道德的考量完全和他的社會地位、財富或職業分開來。《感應篇》開宗明義說：「禍福無門，惟人自召。」㉛人的過錯甚至無法以神的恩賜得到赦免而消除。他必須悔改，「立功補過」。在這點上人人平等，無論他是不識字的農夫、工匠、商人或是士大夫。善書給予人道德自主的力量，尤其是給予一般民眾道德力量與追求道德自主性的途徑，使他們成爲有道德主體的善人。明末之袁黃（1533-1606）使用孟子的語言及觀念，將他的功過格定命爲《立命篇》，可以說是將善書思想中追求道德自主性的要求最明顯的表達出來。以個人的生命境遇而

㉙　熊弘備撰，十七世紀末。

㉚　《吉岡義豐著作集》，第 1 卷，頁 62。

㉛　語出自《左傳》襄公 23 年。《左傳》作「禍福無門，惟人所召」。《左傳》成公 5 年亦有「神福人而禍淫」一語。

言，一個人無論他的社會地位或是知識程度的高低，都可以藉著實踐功過格，爲自己「立命」，決定自己的命運之禍福壽夭。由此亦可見中國宗教思想中的宿命論。至少在民眾倫理的範圍內必須加入極大的修正。雖然因果關係可以導致消極性的宿命論，即相信命運是先天決定，不可改變的事實，所以人必須無條件接受。但是因果關係無私的運作亦可以作爲改變、改善命運的原動力。善書的倫理思想即肯定命運是可以改變的，而且提供了爲善避惡、遷善改過的途徑，來創造自己新的命運。所以宿命論的思想基本上和善書之倫理觀是不一致的。

爲了使行善的人動機更加純正，明代以來的善書強調爲善必須不爲人知，即所謂的「陰德」觀念❸。積陰德只是要求自己做幕後的「無名英雄」，並未針對動機的問題提出解決的方法。明末袁黃之《陰騭錄》提出「善事陰功皆由心造」❸的說法，將善書的重點放在道德心的培養及心術的反省上。所以「凡祈天立

---

❸　陰德此觀念的歷史發展有待進一步研究。北宋有思想家批評道教之陰德之觀念，如孫復之〈陰德論〉。他批評「守小慈，蹈小仁。不肯去一姦人，刑一有罪，皆曰存陰德。其大旨謂不殺一人，不傷一物，則天地神明之所福也。苟不以己之喜怒，殺傷雖多，天地神明福之矣」。他認爲存陰德這種做法不是眞正的正義。見《徂徠集》（《四庫全書》本），卷11，頁11上-12下。

❸　引自石川梅次郎：《陰騭錄》（東京：明德出版社，1970年初版），頁92。

命，都從無思無慮處格」❸。而且他提出改過比行善更重要，「改過者第一要發恥心」❸。「恥心」即人的羞恥感，是人有分辨善惡的能力，主動反省行為之後，自動察覺自己的錯誤而產生出來之羞恥感。恥心不同於神明的監視，或是對地獄之懼怕，完全出於自己的道德感。「舉頭三尺有神明」❸會妨礙道德主體的建立嗎？或者神明的監視只是用來提醒知識水準不高的民眾不可以任意為非作歹呢？從《感應篇》及《太微仙君功過格》中，我看不出任何對神明懲惡的懼怕，或是對三尸神、灶神之監視的厭惡之痕跡。既然「禍福無門，惟人自召。善惡之報，如影隨行」，個人可以努力行善去惡，改過遷善，完全控制自己的命運，掌握人生之禍福之報。神明的監視不但不會造成威脅，其實神明是人間福善禍惡之保障，善人好報、惡人壞報之公正原則的執行者。所以人所懼怕的並非無所不在的神明，而是自己內心的私慾與害人之心。

善書之倫理思想為人詬病之處，除了功利主義之心理取向之外，也被批評太「現實主義」，即只注重物質性的成就與報酬，例如「福壽之增崇，門戶之威大，子孫之榮顯」❸，而忽略了精神上的安逸或樂趣亦是「果報」的一種。我想物質的成就與享樂

---

❸　石川梅次郎：《陰騭錄》，頁 67。

❸　石川梅次郎：《陰騭錄》，頁 154。

❸　石川梅次郎：《陰騭錄》，頁 94。

❸　李石：《樂善錄》（《續百川學海》本），頁 4 下。

幾乎是社會內每一階層的人所共同認可的價值與追求的對象。因此一般民眾追求名利財富並無可厚非。從我們所討論的這兩部善書的內容來看，我找不到明顯「利誘」的例子。《感應篇》僅言善人「福祿隨之，眾邪遠之，神靈衛之，所作必成，神仙可冀」。至於何謂「吉慶」、「禍福」，只提出一般性道德原則的《感應篇》並未明白定義，而基本上讓實踐者及其所處的社會去詮釋。李石的《樂善錄》亦言：「自王公至於庶人感知積善之為終吉。」**❸❽**他又說：「予嘗目擊世間積善之士鮮不終吉者。」**❸❾**他並沒有進一步說明何謂「吉」，或是純粹以福祿壽的尺度來定義吉或不吉。因此這兩部善書的始祖之經文並沒有帶有特別強烈的物質主義或現實主義的傾向。它們僅僅在大原則上提供行善的重要性，以及善行一定會導致福報。至於福報的具體內容只有讓社會的共識去界定了。

《道藏》本《感應篇》的表敘跋前文附有李昌齡所做的〈記述靈驗〉，載記了七則有關由於讀誦、刊刻或實行《感應篇》所產生的靈驗效果。故事以第一人稱的方式寫出，而且所涉及的人物大都是官員及在社會上有地位之名流，所發生的事蹟都清楚的給予年月日及地點。李昌齡企圖因此增加他的敘述之可信度。靈驗的事蹟包括：

---

❸❽　同上，頁 1 下。

❸❾　同上，頁 1 上。

奉議郎王湘死後還魂，但因爲他「方欲行《感應篇》，眞
樂善者，且速放還。已而遂甦」。

周虎暴死，但是「今以汝欽奉《太上感應篇》爲人演說。
汝雖欲行，未及一二，然聞而回心爲善者多，亦有行持而
證仙果者。皆因汝之功。今一既追至，已改注壽祿籍。訖
放還之」。

臺州仙居人王竺的四歲兒子暴死。他「情切發心，命工刊
《太上感應篇》印施，欲求亡男王淨魂魄再投母胎，人爲
兒子。果蒙感應。」

簡州進士王巽病重，他的魂魄被帶至陰府。他看到陰府有
一石碑，上面刻《太上感應篇》。於是他誦讀一遍。他因
此被放回陽間，病也痊癒了。

進士楊琛贊助刊刻《感應篇》一版。於是有「神人告曰：
已排君在第三甲第十七名。意謂應在科舉」。

進士沈球的夫人懷孕多病。他於是發心刊施《感應篇》。
當「刊者捧版至門」，他的太太即時安全生產，母子俱
安。

這些靈驗的結果都屬於和個人的直接利益有關的好處，例如增
壽、得子、功名、病得痊癒等。我們不得不承認善書重視追求物
質利益的一面。由於善書的讀者主要是一般民眾，訴諸「利誘」
的言語來導引他們行善，成爲社會的良民亦是可以了解的事。所

有的宗教信仰都有它「世俗」或「現實」的一面，即宗教行為會導致物質利益的獲得。善書是否過於世俗化、太強調現實主義則是另一個問題。我們必須從比較的角度及歷史的發展來探索此問題。以上所引的靈驗記可以說是將《感應篇》的文字當作一種具有靈力的符籙，所以誦讀與印製《感應篇》即可產生神祕的效果。這和《感應篇》的使用有關，是較後起的發展。我們在《感應篇》的文字中找不到任何支持的佐證。由於《太微仙君功過格》和道教有深切的關係，所以主張「雕造經教」、「印造教施與人」、「誦大經」、「講演經教及諸書言化諭於眾」都有功。但是我們也在它的文字裏找不到任何主張誦讀或刊刻功過格就可產生神蹟式的效果之記載。後來有的善書很強調其經文本身的神聖性及靈力，尤其是由扶乩的方式所完成的善書。例如《關聖帝君覺世真經》的結語說：

> 我作斯語，願人奉行。言雖淺近，大益身心。戲侮吾言，斬首分形。有能持誦，消凶聚慶。求子得子，求壽得壽。富貴功名，皆能有成。凡有所祈，如意如獲。萬禍雪消，千祥雲集。諸如此福，惟善可致。❹

這裏涉及到「有求必應」的觀念在民間宗教信仰的架構中所

---

❹　通行本。《覺世真經》的形成年代待考。

引發出有關公平、正義的問題。這些問題我不在此文中討論。但是由以上的敘述來看，我們可以確定過度的世俗化、現實化，強調經文的神聖性與靈異力是善書較晚的發展。

但是我們仍舊可以問：善書是否提供一個自我修養的方法，來培養道德感？善書是否對一般民眾只要求他們在行為上遵守社會的規範，而對教育程度較高的知識份子，則要求他們在行為與動機都要合乎較高的道德標準呢？我以為從《太上感應篇》及《太微仙君功過格》開始，善書最強調的是在道德實踐上沒有教育水準、社會地位之差別。這對生活在重視階級差別之傳統社會中的民眾來說是一個很大的鼓舞力量，要求他們成為有獨立判斷、自主性的道德人。最早的這兩部善書已經注意到意念的重要，也假設實踐善書的人具有分辨善惡的道德感或良心。否則「立功補過」的原則就成了為非作歹的藉口，而不是懺悔改過的機會。所以善書不僅僅是勸人為善的書，也是勸人做善人的書。我認為南宋時興起的善書運動所提倡的民眾道德可以說是「道德之個人主義」。

敬惜字紙所呈現的
儒家環保思想

　　西方學術界近年來很熱門的「深層環保」（deep ecology）潮流試圖走出以基督教文化為中心的世界觀，去尋找及建構具有文化多元性、視物我為一有機體的環保思想，為人類文明開創復甦之生機，而免於自毀。世界上許多原住民的思想及生活方式以及東方的思想傳統都被積極的肯定。儒家天人合一、天人感應及物我同質的思想也成為「後現代」環保學者所關注的焦點論題❶。本文想從中國傳統社會很流行的惜字會來說明儒家之環保思想如何在廣大的民眾的生活中被實踐出來。當我們考慮儒學傳統如何為新的環保思想提供一個轉機時，我認為像惜字會這種民間「日用而不知」的習俗也應該受到重視。

　　惜字會可以說是世界上最早的鼓勵人使用再生紙（所謂的「還魂紙」）的環保組織。敬惜字紙的習俗之產生和元代於十三

---

❶　參看 Mary Evelyn Tucker, "The Relevance of Chinese Neo-Confucianism for the Reverence of Naure," *Environmental History Review* (summer 1991), pp. 57-69.

世紀時連續的敕封文昌及推崇文昌信仰有直接的關係。由於文昌帝君被明代的讀書人尊爲科舉的神明，明朝重視科舉考試的文化相信對推廣敬惜字紙的行爲也有幫助。明末清初之際惜字會已經出現。惜字會做爲民間自願性的組織是在清朝中葉以後（約十九世紀）才普及起來的。此時惜字的活動也由早期的收字紙、拾字紙，擴張到施棺、施衣、施米、施藥、辦學等善舉❷。惜字會也從由文人所主導的慈善事業，爲追求功名而做的功德轉變成深入民間，全社會性的「公益團體」。我的論文除了闡述敬惜字紙的理論與實踐之外，最後也將取材臺灣史的資料，來更具體的討論民間惜字紙，敬「聖蹟」的優美傳統所隱含的「深層」環保思想。

　　雖然一些主流派的儒者對惜字會摻雜釋、道的思想及宗教儀式經常表示不滿。但是不可否認的，惜字會在民眾的心中對傳佈儒家簡樸的倫理思想很有輔助的功勞。此外，惜字會增強民眾對「文字」的尊敬，以及進而敬重代表「文字」的知識份子。這對儒家傳統鞏固其在社會中的崇高地位亦有貢獻。本文試圖從惜字會由拾字紙推廣成拾骨骸的活動過程中，來討論惜字會所隱含的

---

❷　見梁其姿：〈清代的惜字會〉，《新史學》，第 5 卷第 2 期（1994 年 6 月），頁 92-95。又參見許英才：〈孔子公揹在胛脊後〉，《歷史月刊》，第 71 期（1993 年 12 月），頁 113-119；陳識仁：〈過化存神，臺灣的惜字風俗〉，《北縣文化》，第 41 期（1994 年 6 月），頁 25-39。

儒家之環保思想。即使在街頭巷尾拾字紙的「拾遺人」未必了解儒家天人合一、物我一體的奧妙思想，但是他們不但是儒家環保思想的尖兵，也在五，六百年以來節省了無數的紙張。我們因此不能忽略世俗性的儒家傳統對環保的貢獻。

歷史淵源

《道藏》中的文昌帝君之「自傳」《清河內傳》有〈勸敬字紙文〉。比《清河內傳》早的《太上感應篇》（成於 1164 年）及《太微仙君功過格》（成於 1171 年）都未將敬惜字紙列入善行之中。因此《清河內傳》是最早的勸人惜字紙的文章。此篇文字訴諸因果報應的利害來勸告讀書人敬重字紙。在道教的信仰中，文昌帝君掌管祿籍，即所謂的「丹桂籍」，可以決定士人是否在科舉考試中及第，獲得功名。《清河內傳》勸告士子「埋字紙而五世登科」，「葬字紙而一身顯官」，而且禁止一般人「以字紙泥糊」，「踐踏腳底或以拭穢」❸。敬惜字紙於是成爲文昌信仰的一項特色，也成爲文人追求功名所應該留意、遵守的事。單從文昌信仰來看，愛惜字紙似乎只是純粹利己的行爲，除了節約紙張的使用之外，似乎對社會沒有其他實際的貢獻❹。但是

---

❸　《正統道藏》（臺北：新文豐出版公司，1977 年），第 5 冊，頁 46。

❹　見梁其姿，頁 92。

〈勸敬字紙文〉敘述了宋朝王沂的故事，說由於王沂的父親「見字紙遺墜必掇拾，以香湯洗燒之」，所以有一天晚上他夢到孔子「拊其背，曰：汝何敬重吾字紙之勤也」❺。王沂也因此獲得功名。值得注意的是，敬惜字紙在此被視爲是尊敬孔子的字紙，是對聖人的東西之敬重。因此我們可以看出敬惜字紙的活動從一開始就隱含將字紙神聖化的傾向。只有在這種對事物之神聖性的尊敬心上，我們才可以了解敬惜字紙的行爲如何從起初拾字紙的行爲擴大成爲具體的社會救濟工作。

理論與實踐

　　深醞於中國文化傳統中對文字的神秘性之尊重是敬惜字紙的原動力。對文字的尊敬則來自對傳統所認爲製造文字的聖人（倉頡）❻以及給予文字意義的聖人（孔子）之崇敬。所以讀書人敬惜字紙被認爲是「飲水思源，隆禮報本」的事。因此讀書人應該「見字一如見聖。字紙而在灰堆牆腳是聖蹟將溺於糞穢也。於此而不怦怦心動者豈人情乎」❼。這個「怦然心動」的心理反應才是發動人去拾字紙的力量泉源。敬惜字紙的活動正是要促成及培養人們「怦怦心動」的心態。其他爲了功名、功德的考慮都是次

❺　《正統道藏》，第 5 冊，頁 46。

❻　民間以倉頡爲至聖制字先師來崇拜。

❼　〈惜字會分別緩急說〉，《得一錄》（臺北：華文書局，1969 年），卷 12 上，總頁 832。

要、後起的念頭。所以敬惜字紙帶有很濃厚的宗教情操,目的是要藉由對字紙的尊重來表達對聖人的誠敬。如果沒有用誠敬的心,而只是去店鋪收購廢棄的紙張,這種行為叫做「收字紙」,不是「拾字紙」,更不是「敬惜字紙」。「夫所貴乎敬惜字紙者,正在於灰堆牆壁污穢不堪之地細心撿拾,使聖賢遺蹟不致混入泥沙,庶足以昭誠敬乎。字紙而在灰堆牆壁,一經風雨轉眼化為烏有。甚至人畜踐踏,穢溺交加。鄉人扒去,雜入糞窖。此何如情?此何如景耶?而謂可稍緩頃刻耶?」❽所以拾字紙要帶著搶救聖蹟於水火的心情去做。但是最重要的還是要有誠敬的心。所以「惜字加名曰敬,蓋必以心統珍重為真惜也」❾。惜字會的工作也應該以「拾遺為重」❿。可見最後敬惜字紙成為一種道德修養的功夫。

由於敬惜字紙的行為最終的目的是要改變人們的心態,所以從事敬惜字紙的人很自然的將他對一張沒有生命的字紙的誠敬之心,轉移或推廣到其他的事物上。最直接的轉移是對儒家的聖賢及師長的尊重。因此有主張敬惜字紙的人說:「人生斯世,父生而師教之。師者所以成我,而舍字則無以為教。故不敬字者其罪同於背師。」⓫從敬重師長的心,惜字會的活動擴展到敬惜其他

---

❽ 〈惜字會分別緩急說〉,《得一錄》,總頁 831。

❾ 〈常郡修舉惜字拾遺會啟〉,《得一錄》,卷 12 上,總頁 833。

❿ 同上,頁 833。

⓫ 《得一錄》,卷 12 上,總頁 829。

的東西，從事救濟社會的工作。

　　拾字紙的人因此身邊另外帶一個小布袋來揀拾掉落在地上的稻穀。也有雙惜會的組織特別強調拾稻穀和拾字紙應該並重。而且拾字紙也要揀任何有字跡的東西，無論是磁瓦，或是竹木，稠布、瓶罐器皿，只要上面有字跡都要揀起來。惜字會更積極、有效率的向店鋪收買用過的帳冊，以及分送字紙籮，按月派人將用過的字紙收回來。這可說是全世界最早的紙張回收的環保運動。

　　如此嚴厲的分別神聖與污濁是促使惜字會進行改善社會道德的主要理由。依照他們的想法來看，如果聖人的字跡不可以任人踐踏，用文字來傳播不道德的事也是對聖人的污蔑。所以有些惜字會積極的要「杜賣淫書」，要「劈其板，盡焚其書」⓬。對於賣墮胎藥、壯陽藥等之淫邪藥貼的廣告街貼都要拿掉。拾遺人每天在大街小巷巡邏找字紙時，也兼任了道德警察的工作。但是從現代人的眼光來看，太嚴格的道德主義也有不合理之處。例如有些惜字會禁止商店的招牌店號用文字，要改成「花樣」，即用圖畫來代表文字的意義。因此筆店的招牌只能用筆的圖象及其他符號來代表，不能使用文字說是某某筆店。店鋪亦不可以用字紙來包裹商品。甚至磁碗、磁盤底不可描字，小孩子的內衣不可以刺繡上福壽的字，鞋子、帽子不可以用文字來標它是大號或是小號，只能用符號來代替。但是在糕餅上印字是可以的。

⓬　〈彭南畇先生惜字說〉，《得一錄》，總頁830。

　　諸如這些禁令都是出於對文字的尊嚴及神聖性的敬重，依據
當時社會的需要所擬定的。

　　有些惜字會藉著到各家收字紙的機會散發道德教育的傳單。
由於在家中收拾字紙的人都是婦女，而惜字會不能印製有文字的
傳單（怕被人棄置，流落在街頭），所以他們就印製圖畫發給婦
女。爲了勸人不要墮胎，他們有溺女生蛇圖。勸媳婦孝順有二十
四孝的「孝媳吞糠圖」以及「逆女變牛圖」等。另外拔舌圖的作
用顯然是勸婦女不要傳播閒言。基於對文字的敬重，惜字會於是
展開一系列的社會慈善的工作。

　　而使得惜字會延伸成爲社會改革的力量的原因主要是儒家之
仁恕的思想，及孟子人溺己溺的影響。參與惜字會的人看到字紙
「遺棄道途，混入垃圾，甚至雜入糞穢，猶人之溺於水，焚於火
也。種種踐踏，目不忍見」⓭。而且看到字紙遭到污損的人心裏
會極其痛苦。所以他們主張拾字紙就像救人於水火一樣，要迫不
及待的去做。由推己及物的連想轉移到推己及人的濟世行動是儒
家的恕道精神之體現。

臺灣的美俗

　　臺灣可考的最早的惜字會大概是於雍正四年（1726）設在臺
南南門外之敬聖樓（見附表）。其他小規模的敬字亭不計其數，

⓭　〈惜字拯急會廣勸法〉，《得一錄》，卷 12，總頁 851。

而且遍及鄉村，不只是在城市居住的讀書人才組織惜字會❶❹。鄭兼才所撰之〈捐建敬字堂記〉曰：「先是郡中字跡穢褻，人鮮知敬，自創斯舉，而敬字亭之造，及今凡八所；出於街眾自造者凡七所，焚貯字灰，匯歸敬字堂。至期，備鼓敬樂，無分士庶，虔送付諸長流，以爲常，其相慕成風，自郡城及南北村舍胥倣行焉。非敬之篤而其事足以感人者，能如是乎？」❶❺敬字堂位於臺南府城西定坊魁星堂之後，有所謂的「字灰架」貯存其他地方的敬字亭拿來寄放的字灰。敬字堂每年舉行儀式，將字灰用船流放入大海。

敬聖樓的「聖」指倉頡。字紙灰稱做「聖蹟」。倉頡和文昌在清代都列入祀典，所以民間的祀奉不是淫祠。焚化字紙的亭子因此叫聖蹟亭。臺灣各地的風俗不一，但是拾字紙、敬聖蹟的做法大致相，也都以惜字會的活動做爲文風興盛的象徵，以及認爲惜字會攸關子弟們科舉考試之成敗。

宜蘭敬惜字紙的風氣特別盛，最有意思的是剛唸書的「啓蒙諸子」要恭送「聖蹟」回大海。

　　「蘭中字紙雖村氓婦孺，皆知敬惜。緣街中文昌宮左築有

---

❶❹　臺灣現存的敬字亭有二十多處。見陳識仁：〈過化存神，臺灣的惜字風俗〉，《北縣文化》，第 41 期（1994 年 6 月），頁 25。

❶❺　《續修臺灣縣志》，頁 519。

敬字亭，立爲惜字會，催丁搜覓，洗淨焚化，薰以沈檀，
緘以紙素。每年以二月三日文昌帝君誕辰，通屬士庶齊集
宮中，排設戲筵，結綵張燈；推一人爲主祭，配以蒼頡神
牌。三獻禮畢，即奉蒼頡牌於綵亭，士子自爲執事，隨將
一年所焚字紙，鋪疊春檻，迎徧街衢。所至人家，無不設
香案，焚金楮、爆竹以拜迎。是日凡啓蒙諸子，皆具衣
冠，與衿耆護送至北門外渡船頭，然後裝入小船，用綵旗
鼓放之大海而回。」❻

　　惜字會雇人到處拾字紙，然後拿回會所洗淨、風乾，整齊的
存放起來，定期（一般是每月一次）在敬字亭焚化。書院也有送
發竹籠子給人家，並且按時去收回字紙。屏東的義塾設有字紙
鼎，而且收買字紙來焚化。老師除了教學之外，也必須監督拾字
紙的工作。

　　「義塾內各設敬惜字紙鼎一口，以代爐化；並多備收字紙
　　簍，散給各村，近者由塾內伙夫五日往收字紙一次，遠者
　　令各村自收來塾。每斤給錢二文，所收字紙，由塾師督令
　　伙夫，查有污穢，須用清水洗淨晒乾，再行焚化；字紙

---

❻　　《噶瑪蘭廳志》，卷5，頁188。

灰，隨用紙包好，年終送之於海。」**⑰**

「迎聖蹟」，或稱「送字紙」每年於正月十五或二月三日文昌帝君誕辰時舉行，各地風俗不同。苗栗的苑裏三年舉行一次**⑱**，而臺南的安平則每十二年做一次**⑲**。送字紙成了當地重要的祭典，士庶商紳都參加的節慶活動。聖蹟所過之處，民眾設香案膜拜，完全把字紙灰當做神明。

> 「是以我同人捐題緣金，恭迎聖蹟。凡所經過之處，預須打掃清潔，毋得褻慢。若有神心敬聖、樂意增光者，或鼓樂、或旗隊，各隨所好；或詩意、或景閣，任展所長。祈各莊殷紳人等，各宜踴躍、各盡誠敬。」**⑳**

拾字紙、送字紙的用意不僅是要培養士子民眾對字紙的敬重，更具有教化的目的在，使人們了解忠孝信義等倫理觀念是聖人藉著文字要傳達給人們的教誨，因此做人必須從識字做起。

> 「字紙其迹者也，返諸聖人之所以作字之故，則欲人知忠

---

⑰　《恆春縣志》，卷 10，頁 196。

⑱　《苑裏志》，頁 81。

⑲　《安平縣雜記》，頁 15。

⑳　《樹杞林志》，〈恭迎聖蹟小啓〉，頁 117。

孝信義之事，故筆於書，使觸於目而警諸心，求其解以歸
於用，則在朝爲正人、在鄉爲善士，必皆自識字起。其爲
敬孰大？於是吾願登斯堂者，由其迹以觀於深得聖人制字
之意，務無虛敬聖之心。則倉聖之祀，與文昌、魁星且並
光學校，徒區區字紙乎哉？」**㉑**

　　而且士、農、工、商都要敬重文字，因爲每一個人「無一時
不用字，亦無一時不藉字」，治國更不可離開文字。這眞是把
「文以載道」的思想發揮到淋漓盡致的地步。

「一字一珠，荷聖賢之至教；萬言萬選，皆經傳之洪謨，
故國家治世不離文字，而吾人進身亦重詩書。總之，士、
農、工、商，無一時不用字，亦無一時不藉字者。胡爲敬
重時少、玩忽時多？」**㉒**

　　臺灣的惜字會似乎沒有極端到禁止商店的招牌使用文字，也
似乎沒有從事其他慈善事業的記載**㉓**。然而清朝政府在臺灣卻有
頒佈命令，禁令商店在物品或商號上使用文字**㉔**。但是我們可以

㉑　　《續修臺灣縣志》，頁 519。

㉒　　《樹林杞志》，〈恭迎聖蹟小啓〉，頁 117。

㉓　　此點有待將來進一步研究。

㉔　　陳識仁：〈過化存神，臺灣的惜字風俗〉，頁 280。

確定當惜字會傳來臺灣時，它已經不止是一個文人為了追求功名
而組織的「自利團體」，而是具有行動力的服務社區的「公益」
組織。臺南的南社書院及中社書院，鳳山的鳳儀書院均由惜字會
衍生出來㉕。除了興學辦書院之外，惜字會極有可能從事其他的
社會救濟工作。鹿港的敬義園是一個多功能的慈善機構。「收遺
骸，置義塚，修橋樑，平道路」㉖等都是敬義園的工作。但是它
非常重視拾字紙。魏子鳴於乾隆 42 年（1777）創立敬義園時，
特別提出儒家敬義夾持的思想，而且說要「義以及物」。他因此
由見到滿地的字紙被人污穢就聯想到無人收埋的骨骸豈不正和失
去尊嚴的字紙一樣？這是儒家推己及人、「推己及物」的忠恕之
道。所以敬義園的慈善工作以拾字紙和收遺骸為首要之項目。

> 「夫敬以持己，義以及物；苟存敬義，則人己一體，見義
> 之不容已者，必兢兢焉，亟欲行之。予命不辰，奔走衣食
> 數十年矣，癸巳，東渡臺陽，寄足郡治，有時出郊，見字
> 紙穢褻，骸骨暴露，及道路橋樑之難行，每怦怦動念
> 也。」㉗

㉕　見章甫撰：〈捐建敬聖亭序〉，《續修臺灣縣志》，頁 458；〈鳳儀
　　書院木碑〉，《鳳山縣采訪冊》，頁 342。
㉖　魏小鳴：〈敬義園碑記〉，《彰化縣志》，卷 12，頁 471。
㉗　魏小鳴：〈敬義園碑記〉，《彰化縣志》，卷 12，頁 471。

結　語

　　惜字會綜合了儒、釋、道三家的思想，因此是否可以被稱為儒家的組織仍舊有爭論的餘地，也因此惜字會經常受到正統儒家的詬病。但是無論是在大陸或是在臺灣，敬字亭或聖蹟亭大多數都設在書院、縣學或私塾裏，而且領導惜字會的人都是儒生或士紳，因此我們無法否認惜字會是傳統社會中文人文化生活的一部份。更何況惜字會的中心思想是儒家的仁敬理念。因此稱惜字會為通俗儒家的組織並不為過。

　　焚化為灰燼的字紙被稱為「聖蹟」表示字紙的神聖性依舊存在。送字紙漂流入茫然的大海亦象徵了「歸萬殊於一本」❷❸的思想。從很平常的敬重一張紙的行為，到把紙灰歸回象徵宇宙淵源的大海的懷抱裏，我們可以看出儒家所主張的事事物物皆有太極，以及神聖性內存於世俗界的物我一體的思想。我認為在這種哲學的基礎上，惜字會將字紙的神聖性轉移到社會的事物上，也由單純的、自利的敬重字紙的活動，推廣成救濟社會的行動。王陽明所說的「一體之仁」不忍見瓦石毀壞、草木摧折，可以說是儒家之「萬物一體」的思想最好的發揮❷❹，也最能代表儒家的「深層環保」思想。從敬惜一張沒有生命的字紙，進而將此敬惜之心推廣到收骨骸、辦育嬰堂、立義學等救濟社會的工作，我想

❷❸　　章甫撰：〈捐建敬聖亭序〉，頁 458。
❷❹　　〈大學問〉，《王文成公全書》（《四部叢刊》本），卷 26。

不但是儒家環保思想是很具體，而且是很「深層」（深入民眾）
的呈現。

　　解決當前地球所面臨的空前的災難唯一的途徑是提供全球性
的環保思想。一個跨文化、跨國界的環保思想，我以爲不可能僅
僅訴諸人類共同的利益，即地球對人類生存的重要性，所能夠產
生的。除非人類改變他對自然界的態度，否則他對消費的態度以
及其他經濟活動都仍舊會對地球造成不可挽回的傷害。「深層環
保」的目的就是要尋找一個可以徹底改變人類對自然界的態度的
思想。在這點上，儒家傳統可以提供很深厚的資源。惜字會所實
踐的敬重字紙的態度就是儒家傳統可以對「深層環保」做出很具
體的貢獻的一個例子。

附表：臺灣主要之敬字亭

名稱	地點	年代	主事者	祀奉神明
敬聖樓	臺南大南門外（南社書院）	雍正 4 年(1726)創建 乾隆 10 年(1745) 乾隆 42 年(1777)重修 嘉慶 2 年(1797)改建 嘉慶 4 年(1799)	施世榜 劉勝修 陳朝樑	梓潼 增祀倉頡
聖蹟亭	桃園縣龍潭	光緒元年(1736)創建 光緒 18 年(1753)重修 大正 14 年(1925)重修		
敬聖亭	臺南	嘉慶 2 年(1797)		

敬字堂	臺南西定坊（中社書院）	嘉慶 4 年(1799) 嘉慶 6 年(1801) 嘉慶 11 年(1806)改建	韋啓億 慶保	祀倉頡
敬字亭	鳳山（鳳儀書院）	嘉慶 5 年(1800)創建 道光 3 年(1823)修復		
敬字亭	臺北市士林神農宮	嘉慶 25 年(1820)		
聖蹟亭	南投縣竹山社寮 開漳聖王廟	咸豐 11 年(1861)創建 光緒 5 年(1879)重修		
敬字亭	苗栗養眞寺	同治元年(1867)		
敬文亭	臺北新莊明志書院	同治 13 年(1874)創建		
聖蹟亭	南投縣鹿谷鄉	光緒元年(1875)		
敬字亭	鹿港龍山寺	清朝。確定年代不詳		
敬字亭	屏東縣佳冬鄉	清朝。確定年代不詳		

從河內文廟的從祀看
儒學對越南的影響

　　1998 年 3 月，我去越南調查河內文廟，發現文廟的建築狀
況很好，而且大成殿前擺了一個香爐供人燒香。雖然目前文廟已
經不舉行祭孔釋奠禮了，可是文廟的歷史價值仍舊被越南人肯
定。大成殿內的中央放的是孔子的神像，左右兩旁供奉的是曾
子、子思、顏子和孟子。但是最特別的是孔子的旁邊放的是周公
的神像，而且孔子的神像前面放的是孔子的牌位。雖然大成殿裏
同時供奉孔子神像和牌位，在臺灣一些私人的孔子廟有時可以看
到，官方的孔廟則一律用牌位。至於在孔廟配祀周公是唐代初年
的制度❶。越南的孔廟特別提高周公的地位相當特殊，在當前的
孔廟中可以說是絕無僅有。但是給我印象最深刻的是大成殿的右
面有一個專祠，供奉的全是越南的儒者。目前的文廟已經沒有東
廡及西廡。這個專祠也不知是何時設立的，是否由東、西廡移到
大成殿內亦待考。越南孔廟的特色在此很鮮明的被披露出來。

---

❶　　參見黃進興：《優入聖域，權力、信仰與正當性》（臺北：允晨文化
　　實業股份有限公司，1994 年），頁 173-184；203-210。

大成殿後方原來有啓聖殿，但是啓聖殿毀於 1947 年的法越戰爭。啓聖殿即是從前國子監所在之地。文廟自從 1945 年越南人民共和國執政以來就成爲歷史古蹟，所以牌位及神像已經失去其宗教上或是政治上的意義了。1988 年河內市政府成立文廟國子監文化及研究中心，後來爲了發展觀光，將文廟的牌坊定爲河內市的標幟。至少在表面上文廟仍舊是越南的歷史文化的象徵。今日儒學對越南的影響不是透過政治制度，而是藉由家庭倫理、生活習慣及宗教信仰來表達。這種看不見的影響往往是最不容易被政治力量或是西方的文化所控制或消滅。文廟的繼續存在也是一個很重要的指標，告訴人們儒學從前在越南的輝煌之歷史。

根據 Nguyen Vinh Phuc 和 Tran Lam Bien 的描述，文廟的大成殿之前方有大拜堂（Dai Bai duong）。上頭掛的「萬世師表」的匾額今日仍可看到。大拜堂的前方有東廡及西廡，中央供奉的是孔子的牌位，孔子的牌位的兩旁放著孔門十二位弟子的牌位❷。1954 年以來，河內文廟大概就停止祭孔了，可是每年新年文廟都舉行傳統音樂會的演奏，也有一般廟會所常有的民間遊藝表演，相當熱鬧❸。近十年來越南似乎有一股儒學復興的風潮，連胡志明也被奉爲具有儒學涵養及思想的人物。儒學或許會逐漸從

---

❷　Nguyen Vinh Phuc and Tran Lam Bien, "Introduction to Van Mieu," *Vietnamese Studies* 31 (1991), p. 20.

❸　Nguyen Vinh Phuc and Tran Lam Bien, "Introduction to Van Mieu," *Vietnamese Studies* 31 (1991), pp. 20-21。

隱形的背景傳統浮出檯面，被用來抵抗資本主義化所帶來的社會
弊病，但是孔廟的命運大概和阮朝一樣，永遠成為歷史的一部
份，不可能在現代社會中恢復它過去崇高的地位。但是為了瞭解
文廟何以在今日仍舊是越南很重要的象徵，我們就必須了解文廟
的歷史。從文廟的歷史我們更可以獲得一個視窗，來看越南儒學
化的程度。

文廟建立年代的爭議

目前很多學者都懷疑《大越史記全書》所記載的河內文廟創
建於 1070 年。學界的共識是，當時所建立的僅僅是祭祀孔子的
一個祠堂，並不是今日文廟的前身。比較可信的創建年代是
1156 年❹。無論我們採取那一種說法，河內文廟都是中國之外所
建立的最早，持續最久的孔廟❺。《大越史記全書》卷三，〈本
紀〉之李紀於神武 2 年（1070 年）條下曰：「秋，八月，修文
廟，塑孔子、周公及四配像，畫七十二賢像，四時享祀。皇太子
臨學焉。」❻聖宗皇帝在位十七年（1055-1072 年）。如果確有

---

❹　A.B. Poliakov, "On the Date of Construction of Van Mieu (Temple of
　　Literature) and the Beginnings of Confucianism in Vietnam," *Vietnamese
　　Studies* 31 (1991), pp. 28-37.

❺　朝鮮和琉球的孔廟都建於明朝，在十五世紀以後。

❻　陳荊和編校：《大越史記全書》（東京：東京大學東洋文化研究所，
　　1984 年），頁 245。

修文廟的事，蒞文廟視學的皇太子只有四、五歲，因為他即位成為仁宗皇帝時才七歲❼。越南於中國五代時期獨立，接受宋朝的皇帝的冊封，歷經三個朝代，即吳朝（939-944 年）、丁朝（968-980 年）、前黎朝（981-1009 年），到了李朝（1009-1225 年）才開始大力提倡儒學，而且儒、釋、道同時受到朝廷的尊重。此外有學者主張河內文廟建立之初同時供奉儒、釋、道三教的聖人及神明❽。但是我認為這個說法並沒有直接的證據，只是推測而已。

　　《大越史記全書》又記載聖宗皇帝「置博士科，厚養廉禮，文修武備」❾，仁宗皇帝即位沒幾年就於 1075 年（太寧 4 年）的春天（二月）舉行科舉考試，「詔選明經博士及試儒學三場。黎文盛中選，進侍帝學」❿。而且又說於下一年（1076 年）的夏天「選文職官員識字者入國子監」⓫。仁宗皇帝在位五十六年，是李朝的「盛主」。但是《大越史記全書》卻也批評他，說他「惜其慕浮屠，好祥瑞，為盛德之累耳」⓬。聖宗皇帝也崇信佛

❼　　同上註，頁 246。
❽　　參見梁志明：〈論越南儒教的源流、特徵和影響〉，《北京大學學報》，1995 年第 1 期（1995 年 1 月），頁 26-33。
❾　　同上註，頁 241。
❿　　同上註，頁 248。
⓫　　同上註，頁 249。
⓬　　同上註，頁 246。

教。因此學者懷疑他們不見得會那麼熱心提倡儒學。但是我們至少可以確定，李朝宣揚儒學，可以並不排斥佛教或是其他的宗教。《大越史記全書》的作者吳士連是十五世紀的人。我們不能據此書就下最後的判斷。同書英宗紹明 17 年（1156 年）也僅曰：「建孔子廟。」❸另外寶應 9 年（1171 年）有「修文宣王廟殿及后土祠」❹的記載。越南於十二世紀的時候就有文廟的存在，我想是大部份學者所認定的事實。

但是仍舊有學者提出質疑，主要的理由是越南最早的史書《安南志略》為何對河內文廟的創建一字不提。黎崱所編撰的《安南志略》二十卷❺成於元朝，有元儒程矩夫大德 11 年（1307 年）及歐陽玄（1283-1357）之序，頗為當時的學者所重視。黎崱，字景高，號東山，是越南最早的歷史學家。可是此書完全是採取中國的角度來看越南的歷史。在自序❻中他說：「作《安南志略》二十卷，以敘事附於卷末，庸表天朝（指元朝）德化所被，統一無外，而南越其有惓惓響慕朝廷之心，亦可概見于此者。」❼元軍攻打安南（即越南）時，黎崱投降元朝，在中國住了五十年，難怪他如此親善中國。在書中他採取中國史書正統

❸　同上註，頁 295。
❹　同上註，頁 299。
❺　現存十九卷。
❻　成於元惠宗元統 3 年（1335 年）。
❼　武尚清點校：《安南志略》（北京：中華書局，1995 年），頁 11。

的觀念，將李朝視爲僭竊的政權，沒有正當的統治權，因此在卷十二稱它爲「李氏世家」。而且書中的紀元都是採用中國朝代的年號，如至元某年、紹興某元，完全將越南完全視爲中國的一部份。或許由於他持守大一統的歷史觀，黎崱有意要貶低李聖宗及仁宗提倡儒學的功績。不過《安南志略》的確也記載「李氏設科舉法，三歲一選狀元、榜眼、探花郎。爲典故，給章服驪從，以榮其歸」❶。

《大越史略》是另外一部越南早期的史書。《大越史略》於大定 17 年（1156）這年記載李朝神宗「起國威行宮及孔子祠」❶。這是越南的史書中有關建孔廟最早的紀錄。至於這個孔子祠是否即是河內文廟的前身，則沒有任何直接的證據可以引述。許多學者都只能認定此時越南確有孔廟及祭孔的事。

從十二世紀開始，文廟和科舉制度都受到歷代帝王的重視。明朝於永樂年間佔領越南雖然只要短短的十幾年（1414-1427），但是對孔廟在越南的擴展有很突破性的助力。明朝駐越的總兵黃福於永樂 12 年（1414 年）「標示各府州縣設立文廟、社稷、風雲、無祀等神壇壇，時行祭祀」❷。孔廟因此在越南普

---

❶　同上註，頁 132。

❶　陳荊和編校：《大越史略》（東京：創價大學亞細亞研究所，1987年），頁 75。

❷　《大越史記全書》，頁 509。

及起來。明朝不但對越南朝廷的制度做了很多重要性的改革❷，最長遠的影響是在於提倡教育方面。例如於 1417 年提昇國子監的地位，「明定歲貢儒學生員充國子監。府學每年二名，州學二年三名，縣學一年一名」❷。永樂 17 年（1419 年）明朝又「遣監生唐義，頒賜《五經》、《四書》、《性理大全》、《爲善陰騭》、《孝順事實》等書於府縣儒學，俾僧學傳佛經於僧道司」❷。朱熹所註的《四書》從此成爲越南學者必讀的經書，也是科舉考試所依據的典籍。後來陳朝太宗皇帝更明令在國子監講《四書》及六經❷。明代的軍力沒有征服越南，但是明朝所帶去越南的理學思想卻可以說「統治」了越南五百多年。

目前河內文廟的格局是十九世紀初年阮朝的世祖所奠定的。世祖於 1797 年蒞臨文廟祭孔，從此就成了定例❷。不但世祖重

---

❷　參見 Alexander Wooside, *Vietnam and the Chinese Model: A Comparative Study of Vietnamese and Chinese Government in the First Half of the Nineteenth Century*. Cambridge: Harvard University Press, 1971.

❷　《大越史記全書》，頁 511。

❷　同上註，頁 517。

❷　轉引自岩村成允：《安南通史》（東京：富山房，1941 年），頁 102。

❷　轉引自《安南通史》，頁 275。

視孔廟，他的對手阮光纘也在 1802 年下令「諸鎮重修文廟」❷。
阮世祖對儒學非常推崇，也很會利用儒學爲自己的政權建立正當
性。當他平定了西山之亂的時候，馬上到文廟祭孔。世祖於嘉隆
元年（1802 年）「八月初九日詣北城文廟，行上丁禮，百官儀
杖滬從。世祖謁廟肅拜，詔定二八，丁祭前三日各戒禁理刑屠
肉。各鎮文廟亦依此日，督學助教」❷。在每年春季的上丁日舉
行祭孔是孔廟的定制，但是祭孔之前三天禁止殺生卻是很特殊的
做法。這或許是越南沿用在社會中勢力一向很龐大的佛教的慣
例，來表示對祭孔的重視。隔年（1803 年）世祖進一步「建文
聖廟于國子監，改北城國子監爲府城學堂，撤大學門金額」❷。
這個文聖廟就是現在的河內文廟。

　　阮朝世祖遷都順化，於嘉隆 7 年（1808 年）開始在順化之
皇宮旁建文廟及國子監，由工部參知阮克紹、阮德暄以及龍武衛
阮文撰等主其事。文廟的建築模仿曲阜孔廟的形式，採宮殿式，
有重簷、黃瓦、高臺，是越南唯一的宮殿式的孔廟。順化文廟目
前被改爲歷史博物館。文廟建好之後，並且塑孔子神像，稱孔子
爲「文宣王」。當時許多臣相請求遵照明朝嘉靖 7 年（1528
年）的孔廟改制的辦法，在孔廟設立孔子的牌位，並且稱孔子爲

---

❷　潘叔直：《國史遺編》（香港：香港中文大學新亞研究所，1965
　　年），頁8。
❷　同上註，頁 17-18。
❷　同上註，頁 26。

「至聖先師孔子」。世祖於是下詔禮部在文廟用牌位❷。越南的
文廟開始採用孔子牌位比明代或是朝鮮的孔廟晚了將近三百年。
越南對儒學的吸收相當有選擇性由此事可以看得出來。

　　但是越南對孔子的尊敬絕對不會少於中國。早在黎朝太祖的
時候就有記載祭孔用太牢。黎太宗於紹平元年（1434 年）制定
科舉制度的詔文中特別提到此事。我們也可以從這個詔文看出越
南當時的考試制度的內容和方式和明朝很接近，除了經義和策論
之外，越南還考詩賦。太宗的詔文曰：

　　　　得人之效，取士爲先。取士之方，科目爲首。我國家自經
　　　　兵燹，英才秋葉，俊士晨星。太祖立國之初，首興學校，
　　　　祠孔子以太牢，其崇重至矣。而草昧云始，科目未置，朕
　　　　篡承先志，思得賢才之士，以副側席之求。令定爲試場科
　　　　目，期以紹平五年各道鄉試。六年會試都省堂。自此以
　　　　後，三年一大比，率以爲常。中選者並賜進士出身。所有
　　　　試場科目具列于後。第一場，經義一道，《四書》各一
　　　　道，並限三百字以上。第二場，制、詔、表。第三場，詩
　　　　賦。第四場，策一道，一千字以上。❸

---

❷　　轉引自《安南通史》，頁 294。
❸　　《大越史記全書》，頁 577-578。

　　阮朝更加注重科舉，於嘉隆 6 年（1807 年）恢復考試制度考試❸。由河內文廟的進士碑我們可以更具體的看出儒學如何透過科舉考試被推崇到近乎神聖的地位。

進士碑

　　黎聖宗（1460-1497 年）於 1484 年開始在文廟立進士碑。現存的 82 塊進士碑，上面刻了 1306 位進士的名字，是從 1442 年至 1779 年間 124 次的科舉考試中舉的人。進士碑有 43 塊是十八世紀的產物，即從 1717 年至 1780 年所造的，其次有 25 塊來自十七世紀，而其他的 14 塊碑則來自十四和十五世紀❸。後黎朝（1418-1433 年）獨尊儒學，是儒學開始在越南盛大的時期，到了阮朝（1802-1945 年）儒學的發展就達到了顛峰。進士碑是越南接受儒學很明顯，也是很具有特性的指標。

　　進士碑原來是放在泮池的兩旁，而且都是安放在一隻石刻的神龜的背上。從文廟的空間佈置來看，進士碑可以說是東廡、西廡的延伸，也就是從祀孔廟的另外一種形式。儒者最大的願望是希望死後被皇帝賜封，送進文廟和孔子及歷代的聖賢永遠享受朝廷及世人的尊敬。在文廟裏設立進士碑，因此具有「永恆」紀念

---

❸　《國史遺編》，頁 54。

❸　Tran Le Van, "Listen to These Stone Stelae," *Vietnamese Studies* 31(1991) : 38-47.

的意義。文廟的大門因此向所有的學子打開，而且不必等到死後才可以享有這麼高的榮譽，甚至也不必冀望皇帝的賜封就可以達到。儒者只要靠自己的才學，只要科舉考試維持其公平性，則每一個人都可以憑自己的能力進入文廟。文廟因此和科舉制度合而爲一，更強烈的象徵帝王的權力。東亞其他國家的孔廟，包括中國的孔廟在內，都沒有類似河內文廟的進士碑，也沒有像河內文廟那樣，如此緊密的和政治權力結合一起。我認爲進士碑是越南孔廟最大的特色。河內文廟有一副對聯將進士碑的用意說得最透徹：「科甲中來名不朽，宮墻望外道彌尊。」

配祀周公

由以上這個角度來看，河內文廟配祀周公不是歷史的偶然，或只是有意表示要和宋代的制度不同。在孔廟以周公配祀孔子，我認爲最主要的動機是出于政治的目的，是爲了提高周公的地位，以及獲得政權的正當性。周公主張天命（即政權的正當性）來自天，來自君主的道德，所以他贊成推翻腐敗的殷朝。崇祀周公意味著接受周公的天命觀。就如同周公有正當的理由推翻殷朝，越南也有正當的理由成爲獨立的國家，或是攻打宋朝。越南接受中國統治一千多年之後，於五代時獨立。獨立之後的越南開始很認真提倡儒學，於十二世紀中期建河內文廟。由越南和中國的關係來看，在河內文廟裏以周公配祀孔子，一方面是藉著採用唐朝的制度來和宋朝抗衡，另一方面也是要突顯其獨立之後政權的正當性。

　　高明士教授對越南並祀周公及孔子的政治動機說得更具體。
他說：「聖宗之父太宗即位之初，曾引起東征（太宗弟）、武德
（太祖兄）、翊勝（太祖弟）三王之反叛，乃效法唐太宗、周公
旦之故事，出不得已之舉而平定之。聖宗可能由於此故，加祀周
公，以昭示其父嗣統之合法性。」❸對於此事，《大越史記全
書》有詳細的記載：

　　〔太宗天成元年（1028）〕帝崩于龍安殿，群臣皆詣龍德宮，
　　請太子奉遺詔即位。東征、翊勝、武德三王聞之，皆帥府
　　兵入伏禁城。……有頃，太子自祥符門入，至乾元殿覺
　　變，命內緊閉諸殿門，及使宮中衛士守備。因謂左右曰：
　　「我於兄弟無所毫負。今三王行不義，忘先帝之遺命，欲
　　圖大位。卿等以爲何如？」內侍李仁義曰：「兄之與弟，
　　內可以協謀，外可以禦侮。今三王反，以爲兄弟乎？以爲
　　仇讎乎？願許臣等一戰，以決勝負。」太子曰：「吾恥先
　　帝未殯，骨肉相殘，寧不爲萬世笑耶？」仁義曰：「臣聞
　　務遠者忘近功，存公道者割私愛。此唐太宗、周公旦出不
　　得已之舉。今殿下以唐太、周公爲務遠圖，存公道耶？抑
　　爲貪近攻，溺私愛耶？殿下能循唐太、周公抑遺跡□，則

後世之人將頌歌功德之不暇，何暇笑哉？」又曰：「先帝以殿下善足以繼志，才足以濟事，故以天下托付殿下。今賊逼宮門，而隱忍如此，其如先帝付托何？」太子默然良久，謂仁義及宮臣楊平、郭盛、李玄師、黎奉曉等曰：「吾豈不知唐太、周公之所爲若是乎？吾欲掩晦其罪惡，使其自退伏，以全骨肉爲上耳。」時三府兵愈急，太子度不能制，曰：「勢既如此，我和面目與三王見乎？吾但成服奉侍先帝。此外皆委卿也。」❸

　　越南的史書將太宗描述得像聖人一般，不忍心殺跟他爭皇位的兄弟，於是引用唐太宗及周公的例子做爲他「大義滅親」的根據。周公在孔廟的地位在越南一直是一個具有爭議性的問題，所以我認爲一定涉及一些基本的、原則性的理由，而不只是由於一個皇帝要爲自己的行爲脫罪而制定的成例。雖然在中國應該稱周公或是孔子先聖是從漢代爭到唐朝的問題，但是孔廟的祀典到了北宋已經形成共識，以孔子爲至聖先師，而將周公排除在孔廟門外。但是越南在十四世紀的時候仍舊由學者提倡恢復唐朝初年的孔廟制度。胡季犛撰《明道》一書，主張在孔廟提昇周公的地位，甚至以周公爲主祀，將孔子貶爲配祀。如此孔廟豈不成了周廟？雖然胡季犛的主張沒有被朝廷接受，他後來取得政權之後是

---

❸　《大越史記全書》，頁 216。

否曾經將他的想法付諸實現就無可得知了。《大越史記全書》如此記載：

> 〔光泰 5 年（1392）〕季犛作《明道》十四篇上進，大略以周公爲先聖，孔子爲先師，文廟以周公正坐南面，孔子偏坐西面。《論語》有四疑，如子見南子、在陳絕糧、公山弗擾召子欲往之類❸❺。以韓愈爲盜儒，謂周茂叔、程頤、程顥、楊時、羅仲素、李延平、朱子之徒學博而才疏，不切事情，而務爲剽竊。上皇賜詔獎諭之。國子助教段春雷上書言其不可，流近州。……史臣吳士連曰：前聖之道，非孔子無以明。後聖之生，非孔子無以法。自生民以來，未有盛於孔子者，而敢輕議之，亦不知量也。❸❻

隔年陳廢帝「命畫工畫周公輔成王、霍光輔昭帝、諸葛輔蜀後主、蘇憲輔李高宗，名爲四輔圖，以賜季犛，使輔官家當如是也」❸❼。中國歷史上的先例，尤其是儒家的正統的歷史觀，經常被越南的帝王引述，作爲決定政策或是褒貶的依據。太宗的父親

---

❸❺　《論語・陽貨篇》，第 5 章：「公山弗擾以費畔，召，子欲往，子路不說曰：『末之也已，何必公山氏之之也？』子曰：『夫召我者，而豈徒哉？如有用我者，吾其爲東周乎。』」

❸❻　《大越史記全書》，頁 467-468。

❸❼　同上註，頁 469。

太祖建都昇龍（河內）也引用商朝遷都五次、周朝遷都三次的例子來爲自己的決定合理化❸。越南的皇帝提高周公的地位，除了對內之外，尙由對外的用意。自從宋太祖開寶 6 年（973 年）越南接受宋朝的冊封，臣屬於中國之後，宋太宗及神宗曾經兩度攻打越南❹。越南的王朝都反擊。周公所象徵的天命觀就成爲越南反抗中國的理論依據。高教授又進一步說明：「後黎朝方專崇孔子。」❹祭孔是一種政治行爲，在當時的亞洲的所謂「儒家文化圈」的政治舞臺上，祭孔更有外交的意義。這是我們研究孔廟或是儒家文化的流傳時，應該注意到的觀點，也因此我們不能採取以中國爲中心的角度來研究。從以上的這些例子來看，文廟在越南成爲政治鬥爭及奪權的另外一個戰場，文廟的制度也因此更加受到政治因素的干擾。但是從另一個角度來看，我們也可以確定，文廟在越南同樣具有賦予政治權力的正當性之權威。儒學在越南的根基之深厚由此亦可以顯示出來。

對孔子及弟子的封侯

越南如何攝取儒家文化而轉成獨特的越南文化，可以從孔子的造型看出來。孔子在越南是以帝王的形像被尊重。河內文廟的孔子像雖然是最近塑造的，但是和越南早期的孔子像很類似，將

---

❸　《大越史記全書》，頁 208。

❹　參見呂士朋：〈宋代中越關係年表〉，《東海學報》，第 2 卷第 1 期，頁 171-224。

❹　同上註。

孔子塑造成權威十足，坐在寶座上的「文宣王」。此外越南的書
刊中很常見到另外一種孔子的造形，是把孔子當做「素王」，坐
在王位上聽政。孔子的四位大弟子（等於孔廟內的四配）站在兩
旁，十二位門人分兩行站在下方。他們的服飾都表示他們是具有
爵位的公侯，持圭侍立。再其次是五排孔子的次要門人，共有
56 人。這幅畫是將孔子所謂的七十二弟子當做臣相，來朝見孔
子這位無冕素王。畫的最下方還有一個人跪在地上，面向右方，
表示孔子是在辦案，執行他的權力。

　　越南歷代的帝王的確對孔子及其門人不斷的賜封爵號，甚至
孔子的父母於 1331 年也被封爲啓聖王及啓聖夫人❹。在阮朝的
時代，孔子的封號長達十三個字，是「大成至聖文宣王先聖師孔
夫子」❷。孔子主要的門人受封爵位的情況如下❸：

　　孔子的父母　　啓聖王，啓聖王夫人（1331 年）
　　孔子　　　　　大成至聖文宣王先聖師孔夫子(1645 年)
　　孟子　　　　　鄒國亞聖公
　　顏子　　　　　宛國公
　　曾子　　　　　成國公
　　子思　　　　　周源侯

---

❹　　《孔門列傳》（西貢，1973 年），頁 34。
❷　　同上註。
❸　　此表是依據前所引的《孔門列傳》而做的。

閔子	騫瑯琊公
冉子	東平公
子雍	丕祁公
宰予	臨淄公
子貢	黎楊侯
子有	彭城公
子路	河內公
子游	山陽公
子夏	河內公
子張	宛邱侯

越南儒者從祀文廟

至於越南人從祀文廟的儒者最有名的是朱安（1292-
1370）。他的著作有《四書說約》、《樵隱詩集》和《國語詩
集》。越南的皇帝積極將本地的儒者從祀文廟是從陳朝（1225-
1406）開始的。一方面這表示朝廷對儒學的尊崇，另一方面也顯
示儒學在越南已經逐漸成熟，開始建立自己的儒學傳統的格局。
從政治的角度來看，越南更有必要在學術及信仰上來回應它和中
國自從宋代之來不很穩定的外交和政治關係❹。陳朝明帝於紹慶

---

❹　參見呂士朋：〈宋代中越關係年表〉，《東海學報》，第 2 卷第 1
　　期，頁 171-224；〈元代之中越關係〉，《東海學報》，第 8 卷第 1
　　期，頁 11-49；〈清代康雍乾三朝之中越關係〉，《東海學報》，第
　　14 卷，頁 1-18。

元年（1370 年）朱安卒時，贈諡文貞公，並且將他從祀文廟。
朱安曾任國子監司業，當過皇太子的老師，是當代的大儒，例如
名臣范師孟、黎伯適都是他的弟子。朱安勇於諫君，曾經上疏要
求皇帝斬七位權臣，但是不爲裕宗所用。他於是隱居靈山。吳士
連對朱安的評語如下：

> 賢者用世，常患人君不行所學。人君任賢，常恐賢者不從
> 所好。故君臣相遇，自古爲難。我越儒者見用於時，不爲
> 不多，然而志功名者有之，志富貴者有之，和光同塵者有
> 之，持祿保身者有之，未有其志道德以致君澤民爲念者
> 也。如蘇憲誠之於李，朱文貞之於陳，殆庶幾焉。然憲誠
> 遇君者也，所以功業見乎當時。文貞不遇者也，所以正學
> 見於後世。姑以文貞言之，其事君者必犯顏，其出處也則
> 以義。造就人才，則公卿皆出其門。高尚風節，則天子不
> 得而臣。況嚴嚴體貌，而師道嚴，稜稜聲氣，而佞人聾。
> 千載之下，聞先生之風，能無廉其頑，而立其懦者乎？苟
> 不求其故，孰知斯諡之稱情也哉。宜乎爲我越儒宗，而從
> 祀文廟也。**㊺**

　　二年之後（1372 年）張漢超也得到從祀孔廟的榮譽，但是

㊺　《大越史記全書》，卷 7，頁 440-441。

《大越史記全書》的作者吳士連卻頗以此不以爲然。他批評說：

> 藝皇賜漢超從祀文廟者，以其能排異端者歟？似矣。然跡
> 其爲人，蓋恃才而驕者也。在明宗時，漢超爲行遣，鄙其
> 同列，至誣范遇、黎維以受賂，辭屈坐罰。與人曰：爲其
> 主上見信，豈知有勘理耶？乃驕吝之實也。孔子曰：雖有
> 周公之才之美，使驕且吝，其餘不足觀。想漢超之賢，倘
> 若有靈，必不敢預享於孔子廟庭者矣。❹

　　吳士連基本上批評張漢超的道德不夠格入祀孔廟。他說：
「張漢超乃文學之臣之尤者也。雖有骨鯁之直，而交歡於不當
交，嫁女於不當嫁。於文貞乎何有？況其下者乎？」❹對於陳元
旦從祀文廟，吳士連也有相同的嚴厲的批評。他說：「陳元旦乃
同姓之卿之賢者也。雖含忠憤之氣，而付國勢於無可奈何。避相
位之權，而欲全家屬於顛沛之後。」❹

　　後來杜子平也於 1379 年從祀文廟。他曾擔當過左參知政事
領諒江鎮經略使。對此事吳士連及潘孚先都深以爲憾，說杜子平
是「誤國的姦臣」，「欺君妄奏」。不過我們必須了解吳士連是

---

❹　同上註，頁 444。
❹　同上註，頁 441。
❹　同上註，頁 441。

具有強烈的大一統思想的學者。他根本上不承認陳朝的正當性，所以他對陳朝的君主及君臣的批評也特別嚴厲，因此未必完全中允。對於從祀文廟的資格，潘孚先曰：「歷代名儒，有能排異端、傳道統，方得從祀文廟，明道學之有原也。藝宗以朱安、張漢超、杜子平預之。漢超爲人骨鯁，譏斥佛法。安清修苦節，不務顯達，亦庶幾矣。若子平之曲學悅人，聚斂多欲，乃是誤國之姦臣，安得廁於其間哉？」史臣吳士連曰：「子平盜隱蓬莪貢金，欺君妄奏，致使睿宗南巡不返。國家自是屢有占城入寇之患，罪不容誅矣。其曲學悅人，夫又何誅。」❹

我們由以上的討論至少可以由此窺探出，從祀文廟在越南成爲一件非常政治化的事，不但從祀的人數相當龐大，而且幾乎都發生在儒者去世不久。從文獻的記載我們大致可以看出，在越南入祀文廟似乎沒有經過廷議的討論，或是儒者審慎的考量，而主要是操在皇帝的手中。雖然我們不能忽視文廟是文化的象徵，但是我們也應該注意到越南的文廟非常的政治化，幾乎成爲帝王權威的延伸。

以下所列的文廟是越南儒者從祀文廟的名單，至於從祀的年代則有待進一步研究。

朱安　　　　　　1370 年從祀

陳元旦

---

❹　同上註，頁 455。

張漢超　　　1372 年從祀

杜子平　　　1379 年從祀

密不齊

公良孺

巫馬施

石處

狄黑

榮祈

懸成

公夏守

結　語

　　1945 年越南獨立之後，對孔廟似乎不很重視。由以下所摘錄的祭孔之祝文來看，雖然祭孔仍舊是在春秋仲月的上丁日舉行，但是祭祀不用釋奠禮，僅用「菲儀之禮」，而且是由民間的孔學總會會長主持。經過法國半個世紀的殖民統治及西化的衝擊，孔廟在越南很快的喪失了其歷史地位，成爲文物古蹟。孔廟文化在越南消失得比其他東亞國家都要迅速，或許和它的殖民命運有關。

　　維越南共和國第二歲次壬子年正月建。壬寅朔丙子初二日丁丑。越南孔學總會總會長阮成仝會等，謹以菲儀之禮，

> 敢昭告于至聖大成孔夫子位前曰：所有春祭必告禮也。恭
> 維聖師祖述堯、舜，憲章文、武，刪定六經，垂訓萬古。
> 兹適春天，恭陳禮數，伏望鑒臨，錫之純嘏。謹告。敬暨
> 復聖顏子位前、宗聖曾子位前、述聖子思位前、亞聖孟子
> 位前、七十二賢位前、本國前賢先儒仝附享。❺

儒家文化對越南的影響到底有多深，一直是學界爭議的論題。如果我們拋開大中國主義的觀點，認為中越同族同文，或者是文化的優越感，使用純雜，正統的尺度來衡量越南，我們可以更清楚了解越南儒學的特殊性，以及越南文化及社會的特點。河內的文廟即是一個很好的切入點。

河內文廟的格局和建制，從下馬碑到牌樓、神道、大成殿及啟聖殿都是沿襲中國孔廟的制度。但是在文廟建築物細部的裝飾上，以及在進士碑的建立上，我們都可以看出越南的文廟呈現出很多和中國不同的風貌。從祀文廟的方式更和中國造成強烈的對比。這些特殊性我認為會使我們對儒家文化的了解更加豐富。

儒學是一種強勢的政治文化。所以當它傳到越南之後，被皇帝用來統一思想，增強越南對自身文化的認同，進而用來抵抗中國對越南在軍事及文化等方面的壓力。從越南儒學的例子，我們可以看出儒家文化同時具有普遍性及多元性。如果我們採取這種

---

❺　《孔門列傳》，頁 100-102。

文化多元的觀點，我們不會去考量儒學對越南的影響有多深或是多純，而會去注意文化的特殊性。當越南的儒者在十八世紀時開始大量採用喃字來寫作及寫詩的時候，而且將儒家的典籍都譯成喃文，儒學由於本地化，反而得到更大的發展。孔廟制度無論是在中國或是在越南由於都和皇帝的君權以及帝制緊密的結合在一起。當君權和君主制被時代潮流推翻之後，孔廟也隨之被淘汰。當科舉制定廢除之後，文廟的地位也一落千丈，最後成為歷史的文物館。但是孔廟所象徵的文化及歷史意義仍舊對當前的越南社會有影響。所以即使是在共產主義的國家裡，孔廟仍舊被國家及社會保持的很好。雖然孔廟只剩下一個外殼而已，但是孔廟所代表的價值觀仍舊活現在人民的生活中[51]。

站在中國人的角度來研究越南儒學必須要很謹慎，不可落入大中國的沙文主義裏。越南對中國及中國的文化一直有既愛之，又恨之的曖昧心理。元朝兩次派兵打越南，都沒有成功[52]。擊退蒙古軍的越南人成為越南的民族英雄。明朝短暫的佔領了越南二十多年，打敗明朝的軍隊的黎利建立了黎朝，更成為越南最偉大的民族英雄。黎利於 1427 年接受明朝王通投降，和他訂下和約之後，發表了被成為越南「獨立宣言」的〈平吳大誥〉。〈平吳大誥〉為阮薦所撰，最能表達越南最中國的曖昧心理，很適合作

---

[51]　參考 Trih van Tao 的著作。

[52]　蒙古軍於 1284 年和 1287 年攻打越南。

爲本文的結語。〈平吳大誥〉一開始就以很強的語調表明越南和中國平等的關係。「仁義之舉，要在安民。弔伐之師，莫先去暴。惟我大越之國，實爲文獻之邦。山川之封既殊，南北之風俗亦異。自趙、丁、李、陳肇造，我國與漢、唐、宋、元而各帝一方、雖強弱時有不同，而豪傑世未嘗乏。」㉝然後大誥敘述打敗明朝軍隊的艱苦及慘烈，最後以非常沉痛，但是充滿了勝利的口氣結束。「社稷以之奠安，山川以之改觀。乾坤既否而復泰，日月既晦而復明。于以開萬世太平之基，于以雪千古無窮之恥。是由天地祖宗之靈，有以默相陰佑而致然也。於戲，一戎大定。迄成無競之功。四海永清，誕布維新之誥。布告遐邇，咸使聞知。」㉞越南當然仍舊繼續用這種愛恨交織的心境發展儒學。

㉝　《大越史記全書》，卷10，頁546。

㉞　同上註，頁548。

附錄

現存越南主要歷史文獻及版本

不著撰人,《越史略》,三卷。

　　　　《文淵閣四庫全書》本,第 466 冊。

　　　　北京:中華書局,1985 年。

陳荊和編校,《大越史略》,三卷。

　　　　東京:創價大學亞細亞研究所,1987 年。

黎崱(14 世紀),《安南志略》,20 卷。

　　　　上海:樂善堂本,1984 年。

　　　　校本。順化:順化大學,1960 年。

　　　　《文淵閣四庫全書》本。

　　　　武尚清點校,北京:中華書局,1995 年。

吳士連(15 世紀),《大越史記全書》,二十四卷,1479 年。

　　　　埴山堂,1885 年本。

　　　　陳荊和編校,《校合本大越史記全書》,東京:東京大學
　　　　東洋文化研究所,1985-86 年。

《大南實錄》,東京:慶應義塾大學語學研究所,1961 年。

《大南列傳》,東京:慶應義塾大學語學研究所,1961 年。

潘養浩(1808-1852),《國史遺編》,香港:香港中文大學新
　　　　亞研究所,1965 年。

《越史通鑑綱目》。

潘清簡等纂輯，《越南通鑑綱目》。

　　臺北：國立中央圖書館影印，1969 年。

高春育，《大南一統志》，17 卷。

徐延旭編，《越南輯略》，1877 年。

方略館，《欽定安南紀略》，三十卷。

　　北京：全國圖書館文獻縮微複制中心編，1986 年。

雲南省歷史研究所編，《〈清實錄〉越南緬甸泰國老撾史料摘

　　抄》，昆明：雲南人民出版社，1986 年。

《黎朝歷科進士題名碑記》，三卷。

《鳳儀登科錄》，河內，1995 年。

主要參考書目

王靈康、洪如玉、陳文團，〈訪梁金定教授、武廷倬教授談越南
　　的儒學研究〉，《哲學與文化》，第 15 卷第 2 期，1988
　　年 2 月，頁 58-61。

吳均，《越南歷史》，臺北：自由僑生雜誌社，1992 年。

呂士朋，〈中國文化與越南文化〉，《哲學與文化》，第 2 卷第
　　7 期，1975 年 7 月，頁 31-38。

呂士朋，〈元代之中越關係〉，《東海學報》，第 8 卷第 1 期，
　　頁 11-49。

呂士朋，〈宋代中越關係年表〉，《東海學報》，第 2 卷第 1
　　期，頁 171-224。

呂士朋，〈清代康雍乾三朝之中越關係〉，《東海學報》，第
　　14 卷，頁 1-18。

呂士朋，〈清光緒朝之中越關係〉，《東海學報》，第 16 卷，
　　頁 35-80。

呂士朋，《北屬時期的越南：中越關係史之一》，香港：香港中
　　文大學新亞研究所，1964 年。

周勝皋，《越南華僑教育》，華僑教育叢書編輯委員會，1957
　　年。

明　崢著，范宏貴譯，《越南社會發展史研究》，北京：生活讀
　　書新知三聯書店，1993 年。

明　崢著，范宏貴譯，《越南社會發展史研究》，北京：三聯書
　　店，1993 年。

武廷倬，《越南儒家：阮公著的執生哲學》，新莊：輔仁大學哲
　　學研究所，1970 年。

姚從吾，〈儒家大同文化的基礎和在東亞的影響〉，《中華文化
　　復興月刊》，第 8 卷第 6 期，1975 年 6 月，頁 26-30。

徐善福，〈越南華人現狀分析〉，《思與言》，第 31 卷第 3
　　期，1993 年 9 月，頁 67-81。

高明士，〈中國教育文化圈在東亞地區的形成——越南篇〉，
　　《大陸雜誌》，第 58 卷第 3 期，1979 年 3 月，頁 16-
　　34。

高明士，《唐代東亞教育圈的形成：東亞世界形成史的一側
　　面》，臺北：國立編譯館中華叢書編審委員會，1984
　　年。

張小軍，〈儒學何在？華南人類學田野考察〉，《二十一世
　　紀》，第 29 期，1995 年 6 月，頁 149-157。

張文和，《越南華僑史話》，臺北：黎明文化事業公司，1975
　　年。

張秀民，《中越關係使論文集》，臺北：文史哲出版社，1992
　　年。

張廣達，評介《儒教與亞洲社會（Confucianism Et Socieles
　　Asiatiques）》，溝口雄三、汪德邁合編，《漢學研究通

訊》，第 11 卷第 3 期，1992 年 9 月，頁 206-208。

郭廷以等，《中越文化論集》，臺北：中華文化出版事業委員
　　會，1956 年。

陳重金著，戴可來譯，《越南通史》，北京：商務印書館，1992
　　年。

陳修和，《越南古史及其民族文化之研究》，昆明：國立雲南大
　　學西南文化研究室，1943 年。

陳荊和，《十七世紀廣南之新史料》，臺北：中華叢書委員會印
　　行，1960 年。

陳慶浩，〈漢文化整體研究的起點：「越南漢文小說叢刊」編纂
　　經過〉，《國文天地》，第 3 卷第 5 期，1987 年 10 月，
　　頁 52-56。

雲南省歷史研究所編，《〈清實錄〉越南緬甸泰國老撾史料摘
　　抄》，昆明：雲南人民出版社，1986 年。

馮承鈞，《中國南洋交通史》，臺北：臺灣商務印書館，1981
　　年。

黃進興，《優入聖域》，臺北：允晨文化實業股份有限公司，
　　1995 年。

潘文閣講述，張秀蓉記錄，〈越南的漢學研究〉，《漢學研究通
　　訊》，第 11 卷第 4 期，1992 年 12 月，頁 368-369。

蔣君章，《越南論叢》，臺北：中央文物供應社，1960 年。

鄭瑞明，《清代越南的華僑》，臺北：國立臺灣師範大學歷史研

究所，1976 年。

穆超，〈越南的民族文化和中國的關係〉，《民主憲政》，第
44 卷第 9 期，1973 年 9 月，頁 4-6。

梁志明，〈論越南儒教的源流、特徵和影響〉，《北京大學學
報》，1995 年第 1 期（1995 年 1 月），頁 26-33。

Borri, Christoforo, trans by R. Ashley. *Cochin-China.* Reprinted
London, Da Capo Press, 1970.

Bouscaren, Anthony T. *The Last of the Mandarins: Diem of Vietnam.*
Pittsburgh: Duquesne University Press, 1965.

Buttinger, Joseph. *A Dragon Embattled.* New York: Praeger, 1967.

Buttinger, Joseph. *The Smaller Dragon: A Political History of
Vietnam.* New York: Prager, 1958.

Cady, John F. *Southeast Asia: Its Historical Development.* Ithaca:
Cornell University Press, 1958.

Cady, John F. *The Roots of French Imperialism in Eastern Asia.*
Ithaca: Cornell University Press, 1954.

Chen, J.H.M. *Vietnam: A Comprehensive Bibliography.* Metuchen,
N.J.: Scarecrow, 1973.

Chen, King C. *Vietnam and China, 1938-1954.* Princeton, N.J.:
Princeton University Press, 1969.

Chesneaux, Jean. *The Vietnamese Nation: Contribution to a History.*
Sydney: Current Books, 1966.

Cong Huyen Ton Nu Thi Nha Trang. *The Traditional Roles of Women as Reflected in Oral and Written Vietnamese Literature.* Ph. D. Dissertation. Berkeley: University of California, 1973.

Cooke, Nola. "Nineteenth Century Vietnamese Confucianization in Historical Perspective: Evidence From the Palace Examinations (1463-1883)." *Journal of Southeast Asian Studies* 25:2.(Sep 1994) 270-?.

Cotter, Michael. *Vietnam: A Guide to Reference Sources.* Boston: Hall, 1977.

Deveria, G. *Histoire des relations de la Chine avec l'Annam-Vietnam du XVIe au XIXe siecle: D'apres des documents chinois traduits pour la premiere fois et annotes.* Paris: Ernest Leroux, 1880.

Doumer, P. *Situation de L'Indochine (1897-1901).* Ha Noi: F. H. Schneider, 1902.

Duiker, William J. *The Rise of Nationalism in Vietnam, 1900-1941.* Ithaca and London: Cornell University Press, 1976.

Duiker, William J., *Historical Dictionary of Vietnam.* Metuchen, N. J.: Scarecrow Press, 1989.

Embree, John F. and Dotson, B.O. *Bibliography of the Peoples and Cultures of Mainland South-East Asia.* New Haven: Yale

University Press, 1950.

Ennis, T. E. *French Policy and Developments in Indochina*. Chicago: The University of Chicago Press, 1936.

Hammer, Ellen. *Vietnam: Yesterday & Today*. New York: Holt, Rinehart & Winston, 1966.

Hobbs, Cecil C., et al. *Indochina: A Bibliography of the Land and People*. Washington, D.C., Library of Congress, 1950.

Holmgren, Jennifer. *Chinese Colonisation of Northern Vietnam: Administrative Geography and Political Development in the Tongking Delta, First to Sixth Centuries A.D.*. Canberra: Faculty of Asian Studies, Austrialian National University, 1980.

Karnow, Stanley. *Vietnam: A History*. New York: Viking Press, 1983.

Lam, Truong Buu, ed. *Borrowings and Adaptations in Vietnamese Culture*. Southeast Asia Paper no. 25. Honolulu: Center for Southeast Asian Studies, University of Hawaii, 1987.

Lam, Truong Buu. *Patterns of Vietnamese response to foreign intervention, 1858-1900*. New Haven: Southeast Asia Studiesy, Yale University, 1967.

Lamb, Alistair. *The Mandarin Road to Old Hue*. London: Chatto and Windus, 1970.

Le Thanh Khoi. *Le Viet-Nam: Histoire et Civilization*. Paris: Editions du Minuit, 1955.

Marr, D.G. *Vietnamese Tradition on Trial, 1920-1945*. Berkeley: University of California Press, 1981.

McLeod, Mark W. *The Vietnamese Response to French Intervention, 1862-1874*. New York: Praeger, 1991.

Nguyen, Khac Kham. *An Introduction to Vietnamese Culture*. Tokyo: The Centre for East Asian Cultural Studies, 1967.

Nguyen, Khac Vien. "Confucianism and Marxism in Vietnam." *Tradition and Revolution in Vietnam*. Berkeley: Indochina Resource Center. 1974, pp.15-52.

Nguyen, Khac Vien. *Tradition and Revolution in Vietnam*. Berkelky: Indochina Resource Center, 1974.

Nguyen, Khac Vien. *Traditional Vietnam: Some Historical Stages*. Vietnam Studies 21. Hanoi: Foreign Languages Press.

Nguyen, The Anh. "The Vietnamese Monarch under French Colonial Rule 1884-1945". *Modern Asian Studies* 19(1985): 147-62.

Nguyen, The Anh. *The Withering Days of the Nguyen Dynasty*. Singapore:Institute of Southeast Asian Studies, 1978.

Reid, Anthony, ed. *Sojourners and Settlers: Histories of Southeast Asia and the Chinese*. Sydney: Allen and Unwin, 1995.

Reid, Anthony, *Southeast Asia in the Age of Commerce, 1450-1680. Volume One: TheLands Below the Winds*. New Haven and

London: Yale University Press, 1988.

Smith, R. B. "Politics and Society in Vietnam during the Early Nguyen Period (1802-1862)". *Journal of the Royal Asiatic Society*. February 1974, 153-169.

Taylor, Keith W. "An Evaluation of the Chinese Period in Vietnamese History." In *Journal of Asian Studies* 23 (Korea University) (Jan 1980), 139-164.

Taylor, Keith W. "Looking Behind the Vietnamese Annals: Ly Phat Ma 1028-1054 and Ly Nhat Ton 1054-1072 in the Viet Su Luoc and the Toan Thu." *Vietnam Forum* 7. (Winter-Spring 1986)

Taylor, Keith W. "The Rise of Dai Viet and the Establishment of Thang Long." In Hall, Kenneth R. and John K, Whitemore. ed. *Explorations in Early Southeast Asian History: The Origins of Southeast Asian Statecraft*. Michigan Papers on South and Southeast Asia 11. Ann Arbor: The Center for South of Southeast Asia Studies, 1976.

Taylor, Keith Weller. *The Birth of Vietnam*. Berkeley: University of California Press, 1983.

Tran, My-Van, *A Vietnamese Scholar In Anguish*. Nguyen Khuyen and the Decline of the Confucian Order, 1884-1909.

Tran, My-Van. "Vietnamese Patriotism and Confucianism in the

Poetry of Nguyên Dình Chiêu". *In Papers on Far Eastern History*. Canberra: Australian National University, 1984.

Truong Van Binh. "The Sino-Vietnamese Tributary Relations, 1802-1850, and Its Background". Leiden: PhD Dissertation, Rijksuniversiteit Leiden, 1984.

Truong, Buu Lam. *Patterns of Vietnamese Response to Foreign Intervention: 1858-1900*. New Haven: South East Asia Studies, Yale University, 1967.

Vandermeersch, Leon, *Le Nouveau Monde Sinise*. Paris, 1986.

Vella, W. *Aspects of Vietnamese History*. Honolulu: University of Hawaii Press, 1973.

Vietnamese Studies 48. *Hanoi: From the Origins to the 19th Century*, vol. 1. Hanoi: Foreign Languages Press, 1977.

Vietnamese Studies 56. *The Confucian Scholar in Vietnamese History*. Hanoi: Foreign Languages Press, 1979.

Warner, Denis, *The Last Confucian: Vietnam, Southeast Asia, and the West*. Baltimore, Penguin Books, 1963.

Whitemore, John, *Vietname and the Ming*. New Haven: Yale University Press, 1996.

Whitfield, Danny J. *Historical and Cultural Dictionary of Vietnam*. Metuchen, N.J.: Scarecrow Press, 1976.

Whitmore, John K. "Chiao-Chin and Neo-Confucianism: the Ming

Attempt to Transform Vietnam." *Ming Studies* 3. Spring 1977, 51-91.

Whitmore, John K. *The Development of Le Government in 15ᵗʰ Century Vietnam*. Ph.D. Dissertation. Cornell University, 1968.

Whitmore, John K. *Vietnam, Ho Quy Ly, and the Ming*. New Haven: Yale University Southeast Asian Studies, 1985.

Wiens, Herold J. *Han Chinese Expansion in South China*. Hamden, Conn.: Shoe String, 1970.

Wolters, O. W., "A Stranger in His Own Land: Nguyen Trai's Sino-Vietnamese Poems, Written during the Ming Occupation," in *Vietnam Forum*, no. 8. Spring-Fall 1986.

Wolters, O.W. "Historians and Emperors in Vietnam and China: Comments Arising Out of Le Van Huu ⌐ History, Presented to the Tran Court in 1272." In Anthony Reid and David G. Marr, *Perceptions of the Past in Southeast Asia*. Singapore, 1979.

Woodside, Alexander B. "Early Ming Expansionism (1406-1427): China's Abortive Conquest of Vietnam." In *Harvard Papers on China*, no. 17, 1963.

Woodside, Alexander B. "The Development of Social Organizations in Vietnamese Cities in the Late Colonial Period." *Pacific*

Affairs 17:1.(Spring 1971) 39-64.

Woodside, Alexander B. *Community and Revolution in Morden Vietnam*. Boston: Houghton Mifflin, 1976.

Woodside, Alexander B. *Vietnam and the Chinese Model: A Comparative Study of Vietnamese and Chinese Government in the First Half of the Nineteenth Century*. Cambridge: Harvard University Press, 1971.

附錄一：
郭店楚簡的孝道思想

　　根據郭店楚墓竹簡的年代大約在公元前三百年左右的假設，本文想探討楚簡中所記載的孝道觀念如何顯示出孔子與孟子之間的過渡時間之思想。換句話說，我認為我們可以從楚簡中看出孝的觀念從個人對父母的敬愛與撫養，以及重視祭祀祖先的私德，發展成一種政治性的公德的過程。《論語》中孔子論孝的話都是針對親子之間的關係而說的很具體的行為準則，可是到了《孟子》孝已經擴展成為一種統治人民的德性。因此我認為在儒家孝道思想的發展上，楚簡填補了孔、孟之間的發展線索，使我們更清楚了解思孟學派（經由曾子、子思，傳承到孟子）如何成為先秦儒家思想的主軸。此外，如果我們假定《孝經》成書於秦朝（公元前 221-207），則在楚簡中我們亦可以看到《孝經》思想的雛型。

　　楚簡特別強調孝應該出於子女對父母感恩之心，而自然做出來的行為，而不是被強迫而履行的義務，或是矯揉做作的炫耀。楚簡中的〈語叢〉有兩則非常有特色的話：「為孝，此非孝也。

為弟，此非弟也。」❶「父孝子愛，非有為也。」❷根據龐朴的
解釋，「為」是指「人的有意作為，即非自然的行為，非真情的
行為。這是道家所一貫反對的。而親子間最需要的是自然感情，
也是真情最流露的地方，所以孝慈，應該是親子真情的交流，而
不容有點造作。」❸

竹簡〈老子‧甲〉本開頭就有一句話說：「絕知棄辦，民利
百倍。絕巧棄利，盜賊無有。絕偽棄詐，民復孝慈。」龐朴因為
上述〈語叢〉的話以及其他論證，認為「絕偽棄詐」應該定為
「絕為棄作」，才能顯出竹簡思想的本意❹。《論語》非常強調
孝行一定要有敬愛父母的心才是真的孝。子曰：「今之孝者，是
謂能養。至於犬馬，皆能有養。不敬，何以別乎？」❺至於竹簡
何以說「父孝子愛」，不是說「父愛子孝」，或是「父慈子愛」
則令人難以理解。

《孟子》更加強調子女對父母的愛敬應該是出於自願的，甚
至對於不慈愛、暴虐的父母，子女也應該無怨無悔的孝順父母。

---

❶　荊門市博物館編：《郭店楚墓竹簡》（北京：文物出版社，1998
　　年），頁195。以下引文僅舉頁數。

❷　頁209。

❸　龐朴：〈古墓新知──讀郭店楚簡〉，《國際儒學聯合會簡報》，
　　1998年第2期（1998年6月），頁27。

❹　同上註。

❺　〈為政〉。

孟子回答萬章的問題，為什麼舜去田裏對昊天號泣，說：「我竭力耕田，共為子職而已矣，父母之不我愛，於我何哉？」❻這種思想可以說是將郭店竹簡「為孝，此非孝也」的主張極端化。如果孝應該是子女自然的感情流露，孟子的主張是無論父母接不接受子女自然的孝心，子女都應該無條件的孝。在《論語》中我們找不到這種單方面要求子女孝的話，而在郭店竹簡中我們隱隱約約可以看到把孝當做絕對的義務的思想。雖然「非有為也」的本意是要強調孝行不是強迫的行為，但是若將孝視為一種「天職」，則從某種角度來看，會是子女所不可能逃避的責任，因此就會產生強制性。

郭店竹簡有一篇叫做〈唐虞之道〉，贊頌堯、舜之間的禪讓，但是更有特色是主張堯將帝位讓給舜是因為舜是個孝子。「堯、舜之行，愛親尊賢。愛親故孝，尊賢故口（禪讓）。」❼這種看法也未見於《論語》，可是《孟子》則把舜理想化成為最偉大的孝子，說「舜盡事親之道」❽，「堯、舜之道孝弟而已矣」❾，而且也認為孝是堯禪讓的理由，移孝作忠的思想很清楚在此被表達出來。我們在《中庸》可以看到「舜其大孝也與」

---

❻　〈萬章上〉，第一章。
❼　〈唐虞之道〉，頁157。
❽　〈離婁上〉。
❾　〈告子下〉。

❿，以及「武王、周公，其達孝矣乎」⓫？贊揚舜、武王、周公都是孝子的話。郭店竹簡和《孟子》都強調同樣的思想。這也是一個內證，證明郭店竹簡是思孟學派的作品。李學勤及姜廣輝都提出要以《中庸》做爲標準來評鑑、解釋郭店竹簡的思想⓬。至少在論孝這點上，我們可以看出竹簡和《孟子》在思想上的一貫性。

竹簡的〈唐虞之道〉說：「古者堯之與舜也，聞舜孝，知其能養天下之老也。聞舜弟，知其能嗣天下長也。」⓭竹簡另外有一簡更明白的說孝子一定是忠臣：「故其爲□寞子也，甚孝。及其爲堯臣也，甚忠。」⓮我們看到《孟子》進一步說明舜可以使暴虐的父母歡心是樹立一個大孝的榜樣，所以「天下化」，「天下之爲父子者定」⓯。而且有暴虐的父母，才能顯出舜的孝心。所以孟子說：「大孝終身慕父母。」⓰

此外，郭店竹簡和《孟子》論孝相近之處尚有以孝爲聖人教化百姓主要的方式，以及主張孝是仁的表現。竹簡說：「聖人上

---

❿　第十七章。

⓫　第十九章。

⓬　〈《郭店楚墓竹簡》學術研討會述要〉，《國際儒學聯合會簡報》，1998 年第 2 期（1998 年 6 月 28 日），頁 23。

⓭　頁 158。

⓮　頁 158。

⓯　〈離婁上〉。

⓰　〈萬章上〉，第一章。

事天，教民有尊。下事地，教民有親。時事山川，教民有敬。親事祖廟，教民孝也。」❶「孝之方，愛天下民。」「男女不卡，父子不親。父子不親，君臣亡義。是故先王之教民也，始於孝弟。」❽「孝，仁之冕也。」❾在《孟子》中意思相近的話很多，例如：「仁之實，事親是也。」❿「人人親其親，長其長而天下平。」❷這兩個論點和《論語》論孝的觀點也是相通的。

對於以祭祀祖先爲孝是《論語》、郭店楚簡和《孟子》共同的思想。《爾雅》以孝釋「享」，表示祭祖是孝的原意。《論語》中孔子說孝的意思是「生事之以禮，死葬之以禮，祭之以禮」❷。竹簡說聖人「親事祖廟，教民孝也」❸，是把祭祖當做孝的主要表現。《孟子》引上述《論語》的話❹，而且特別強調守三年之喪以及葬禮的重要性。在這點上，《中庸》的立場最極端，認爲祭祖比生前服事父母還更重要。《中庸》說：「事死如事生，事亡如事存，孝之至也。」郭店竹簡倒沒有在這方面發揮。

❶　〈唐虞之道〉，頁157。
❽　頁188。
❾　同上註。
❿　〈離婁上〉。
❷　〈離婁上〉。
❷　〈學而〉。
❸　〈唐虞之道〉，頁157。
❹　〈滕文公〉上。

郭店竹簡論孝道有一個特色是在《論語》或是《孟子》都看不到的，即主張父德是聖，子德是仁。竹簡之〈六德〉篇談「聖智也，仁義也，忠信也」爲父子、夫婦、君臣三科基本人倫關係的六種德行❷⑤。「父聖，子仁。夫智，婦信。君義，臣忠。」❷⑥而且說：「聖生仁，智率信，義便忠。」❷⑦竹簡的〈成之聞之〉篇也是將人際關係歸納成最基本的三種關係，和《孟子》所說「五倫」不同。「天降大常，以理人倫，制爲君臣之義，著爲父子之親，分爲夫婦之辨。小人亂天常以逆大道。君子治人倫以順天德。」❷⑧竹簡認爲在這三種關係中，血緣的父子關係最重要，君臣及夫婦的關係都在其次。所以「爲父絕君，不爲君絕父。爲弟絕妻，不爲妻絕弟。爲宗族戕朋友，不爲朋友戕宗族。」❷⑨因此竹簡頗有父權至上的思想。它很明顯的主張妻子要從一而終，「是故夫有主，終身不變，謂之婦」❸⑩。雖然竹簡中並沒有很明白贊成父權至高無上的話，但是以「聖」爲父德似乎已經有很強的暗示了。

　　到了《孟子》，父權至上的思想就完全突顯出來了。孟子

---

❷⑤　頁 187。

❷⑥　頁 188。

❷⑦　頁 188。

❷⑧　頁 168。

❷⑨　頁 188。

❸⑩　〈六德〉，頁 187。

說：「孝子之至，莫大乎尊親。」❸又說：「事孰爲大？事親爲大。」舜的父母很暴虐。根據《史記》的記載，舜在倉庫的屋頂上做工，他的繼母把梯子拿走，然後放火燒倉庫。可是舜仍舊很孝順父母。「瞽叟尚復欲殺之，使舜上塗廩，瞽叟從下縱火焚廩．舜乃以兩笠自扞而下，去，得不死。」❸孟子大肆讚揚這種單方面對父母的犧牲及順從是「大孝」很難避免過於高抬父權的嫌疑。

結　語

郭店楚墓簡論儒家思想的資料不多，因此要據此塡補我們對於孔子與孟子之間學術發展的知識空白是不可能的。但是竹簡也提供了很重要的材料，開啓我們對先秦儒家的心性論有一個嶄新的了解❸。但是在論孝方面，雖然沒有革命性的新觀點出現，可是也有幾條資料一方面印證了《中庸》和《孟子》之間的親密關係，如讚揚舜是孝子，主張移孝作忠等，另一方面也可以補充一些我們對先秦思想的發展之了解。竹簡所論的「六德」即是後來「三綱」的思想。「三綱」這一詞最早出現在董仲舒的《春秋繁露》之〈基義篇〉。一般都引《韓非子》的〈忠孝篇〉爲最早將

---

❸　〈萬章上〉第四章。

❸　《史記》，卷 1，〈五帝本紀〉。

❸　見龐樸：〈孔孟之間──郭店楚簡中的儒家心性說〉。

「君臣、父子、夫婦」合論的例子。現在我們知道郭店楚簡已論之，而且很明白的說父子的關係重於君臣關係。至於以父德爲聖的意義則不甚清楚，可是我判斷有將父權絕對化的含意。

　　竹簡說「父孝子愛，非有爲也」也令人費解。或許「孝」和「慈」通用，如此和孔、孟認爲孝行應該是出於眞情的流露相貫通。總而言之，從郭店竹簡中我們看出儒家重思想如何從《中庸》發展到《孟子》，然後到《孝經》集其大成。竹簡的〈唐虞之道〉提供了一項重要的線索，讓我們了解將舜提昇爲理想化的孝子，以及將孝轉化成政治的「公德」是思孟學派對儒學思想一項很重要的貢獻。

附錄二：論文出處

1. 〈從李方子的《文公年譜》遺文和〈朱子事實〉論朱門學術的
   歧異〉，武夷山朱熹研究中心編：《海峽兩岸論朱熹》，廈門
   大學出版社，1998 年 1 月，頁 236-244。

2. 〈王夫之民族主義思想商榷〉，《中央研究院中國文學哲學研
   究集刊》，第 4 期，臺北南港：中央研究院文哲所，1994 年 3
   月，頁 521-548。

3. 〈郭店竹簡論孝道〉，《經學研究論叢》，第 6 輯，臺北：臺
   灣學生書局，1999 年 4 月，頁 1-7。

4. 〈從劉三吾《孟子節文》論君權的限制與知識份子之自主
   性〉，《中央研究院中國文哲研究集刊》，第 6 期，1995 年 3
   月，頁 173-197。

5. 〈南宋之善書與民眾道德〉，黃俊傑，町田三郎，柴田篤主
   編：《東亞文化的探索：傳統文化的發展》，臺北：正中書
   局，1996 年，頁 587-596。

6. 〈學規與書院教育——以宋代書院爲例〉，《中國書院》，
   1997 年 11 月，頁 122-131。

7. 〈敬惜字紙所呈現的儒家環保思想〉，《中國哲學年刊》，第

11 冊，沈清松主編：《簡樸思想與環保哲學》，臺北縣：立緒文化，1997 年，頁 206-221。

國家圖書館出版品預行編目資料

全體大用之學：朱子學論文集

朱榮貴著. – 初版. – 臺北市：臺灣學生，
2002[民 91]
面；公分

ISBN 957-15-1132-3 (精裝)
ISBN 957-15-1133-1 (平裝)

1. 理學 – 論文，講詞等
2. 儒家 – 論文，講詞等

125.07   91007928

全體大用之學：朱子學論文集（全一冊）

著　作　者：朱　　　榮　　　貴
出　版　者：臺　灣　學　生　書　局
發　行　人：孫　　　善　　　治
發　行　所：臺　灣　學　生　書　局
　　　　　　臺北市和平東路一段一九八號
　　　　　　郵 政 劃 撥 帳 號：00024668
　　　　　　電　話：(02)23634156
　　　　　　傳　眞：(02)23636334
　　　　　　E-mail：student.book@msa.hinet.net
　　　　　　http://studentbook.web66.com.tw

本書局登
記證字號：行政院新聞局局版北市業字第玖捌壹號

印　刷　所：宏　輝　彩　色　印　刷　公　司
　　　　　　中和市永和路三六三巷四二號
　　　　　　電　話：(02)22268853

精裝新臺幣三五○元
定價：平裝新臺幣二八○元

西元二○○二年六月初版

臺灣 學生書局 出版

中國哲學叢刊